*publication PN°*1
Bibliothek der Provinz

Richard Zach
Die schönen Worte
fallen welk und fremd ...

Kassibertexte

herausgegeben von
Christian Hawle

Verlag

publication PN°1
© Bibliothek der Provinz
A-3970 WEITRA
02815/35594

1993

ISBN 3 900878 92 7

printed in Austria
by
Plöchl
4240 Freistadt

Richard Zach

Die schönen Worte
fallen welk und fremd ...

Kassibertexte
Gedichte und Briefe

Richard Zach, 1940

Für Alfred Zach

Sonnenfunken ...

Sonnenfunken, die da tanzen,
sammle, Seele, sammle,
daß ich, wenn in düstren Nächten
mich durchbohren Schattenlanzen,
nicht vergebens stammle.
Will mit Sonne dich verflechten.
Edelsteingefunkel
aus den Sommersonnentagen
wird ein helles Leuchten tragen
in das tiefste Dunkel.

Format: 12,3 x 10,7 cm (6. von sechs durchnumerierten Blättern); gelbes Kanzleipapier, einseitig beschrieben: Tinte, Steno; entstanden: zwischen November 1941 und März 1942 in *Graz* (Polizeigefängnis oder Strafvollzugsanstalt *Karlau*)

MEINE LIEBEN!

Sie haben mich hinter grau-kalten Mauern begraben,
die Seufzer und Schreie des Hasses gleich sicher ersticken!
Sie haben mich in Ketten geschlossen, mit Stricken
gefesselt, die Seele geknebelt, den Geist, sie haben
gemeinste Foltern ersonnen, die Tücke erdenken kann,
durch Gitter, Schranken und Schergen von euch mich getrennt,
geschieden von allen, verkündet den ewigen Bann!
Aber mein Glaube brennt!
Aber mein Wille bekennt!
Und schon blind und zittrig und schwindelnd vom Darben
und wirr vom Warten, zerschunden von Narben
und ausgeliefert den endlosen, mürbenden Stunden,
weiß ich: Sie können mein Streben nie töten,
wieviel sie immer an Henkern aufböten!
spüre ich: Sie werden mein Werk nie vernichten,
ob sie mich heute noch so schamlos richten!
weiß ich: Sie können uns nie auseinanderreißen,
und jede Pein wird uns nur fester verschweißen!
War ich euch jemals tiefer verbunden?!

Format: 8,7 x 5,6 cm; gelbes Kanzleipapier, beidseitig beschrieben: Tintenstift, Latein; entstanden: zwischen November 1941 und Jänner 1943 in *Graz* (Polizeigefängnis, Strafvollzugsanstalt *Karlau* oder Landesgericht) oder in *Berlin-Moabit* (Gestapo-Gefängnis)

Es gibt ein Recht ...

Es gibt ein Recht: sich zu sich selbst bekennen;
dies Recht schließt alles andre ein;
und eine Pflicht: das Unrecht niederrennen,
und wär' es auch ein harter Stein,
an dem die eigne Kraft zerschellt.
Wir sterben alle! *Wie* man lebt,
das fragt, das braucht der Acker Welt,
und daß man *seine* Furche gräbt.
Nur der pflügt tief, der Neues sucht,
dem Sehnen seiner Seele treu.
Wenn ihn die Zeit deshalb verflucht?
Das ändert nichts. – Die Welt wird neu.

Format: 6,2 x 6 cm; dünnes graues Packpapier, einseitig beschrieben: Tintenstift, Kurrent; entstanden: zwischen November 1941 und März 1942 in *Graz* (Polizeigefängnis oder Strafvollzugsanstalt *Karlau*)

Vergiß nicht ...

Vergiß nicht: Einmal kommt die Stunde,
da trittst Du vor Dich selber hin
und fragst nach Deines Lebens Sinn
und liest nun zögernd ab vom Munde,
was er Dir wiedergibt als Kunde.

O mögest Du nicht nutzlos suchen
und – jäh erschreckt vor so viel Leere -
müd werden an der eignen Schwere,
den schal vergangnen Jahren fluchen.

O mögest Du nicht haltlos flackern,
weil nichts in Dir vor Dir besteht
und nichts Dir wuchs, was Du gesät,
und es zu spät ist, nun zu ackern.

O mög' Dich dann ein Feuer nähren,
das Du Dir einst entzündet hast.
Denn hast Du Deine Zeit verpraßt,
so wird Dich Deine Zeit verzehren
und nichts an Dir wird weiter währen.
Vergiß nicht: Einmal kommt die Rast.

Format: 8 x 5,9 cm; gelbes Kanzleipapier, beidseitig beschrieben: Bleistift, Latein; entstanden: zwischen November 1941 und März 1942 in *Graz* (Polizeigefängnis oder Strafvollzugsanstalt *Karlau*)

Weich fällt der Schnee ...

Weich fällt der Schnee
und in Millionen Flocken.
So stirbt ein Heer von müden Duldnern,
von stummen, ängstlich gleichen Schuldnern,
in jedem leichten Wind erschrocken.
Wer fällt zu schnell?
Rebell, Rebell!
Es tanze keiner aus der Reihe.
Daß uns die Obrigkeit verzeihe!
Es tue jeder gut und brav
sein Teil zum großen Winterschlaf,
und daß ihr still verreckt,
die Welt nicht plötzlich weckt.

Sanft fällt der Schnee
und ohne jeden Willen.
In allen diesen Winterzeiten
erfriere jedes böse Streiten,
und keiner wage es, zu brüllen.
Nur leise, leis,
der Not zum Preis.
Bedenkt, ihr bringt den Gruß vom Himmel,
und seid ihr auch nur feuchter Schimmel.
Seht her, wir sind so zart und brav
wie Wolle, die man schert vom Schaf,
in Dienstbarkeit geläutert
und haben nie gemeutert.

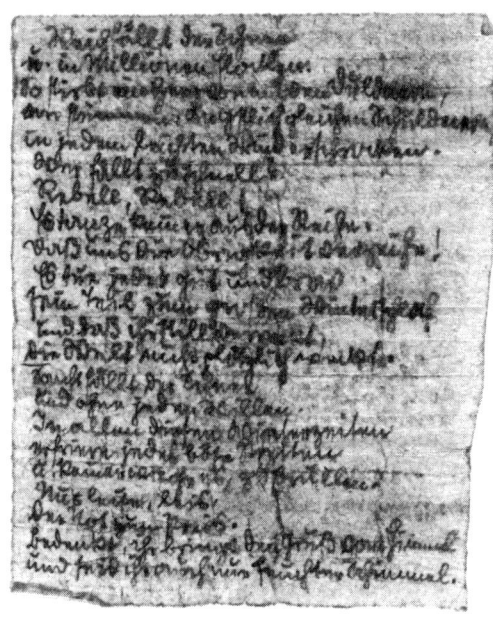

Format: 7,9 × 6,6 cm; dünnes graues Packpapier, beidseitig beschrieben: Bleistift, Kurrent; entstanden: zwischen 17. Dezember 1941 und 14. Jänner 1942 in *Graz* (Polizeigefängnis); Fortsetzung siehe S. 21/23

Weiß fällt der Schnee,
wie hungerfahle Wangen.
Ist Nacht und Tag vom Weiß durchwoben,
und immer noch kommt Schnee von oben,
das Bahrtuch wird für viele langen.
Weiß ist der Tod.
Kein Brot, kein Brot.
Habt keine Angst – wir fluchen nimmer
in unserm Leichenschimmer.
Verklärt ist Dorf und Stadt und Land
vom Unschuldsweiß. Es droht kein Brand.
Geruhsam ist die Zeit
im weißen Totenkleid.

Lang fällt der Schnee
und ohne Leidenschaften.
Ist wohl kein wahrer Stern darunter,
nur einheitlich geformter Plunder,
bleibt jeder gleich am Boden haften.
Zu feig zum Haß.
Zergeht in Naß.
Was zählt das einzelne Gebilde?
Wenn wer es in den Händen hielte,
er sähe bloß, wie es zerrinnt
vor seinem Atem, leicht und lind,
und nichts hat er entdeckt,
das sich dadurch bewegt.

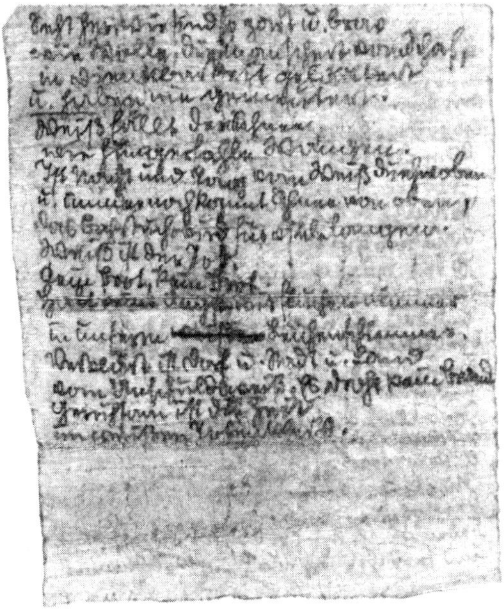

Rückseite zu S. 19

Sacht fällt der Schnee.
Vielleicht wird er gefrieren.
Dann schweißt sein Sterben ihn zu Eis,
er schmilzt nicht mehr, er hält – ein Greis,
und kann sich nicht im Schmutz verlieren.
Nun endlich hart.
Ob es auch klart?
Jetzt knirscht er bei der Herren Schritt,
jetzt wird er Stein bei jedem Tritt,
jetzt dehnt er sich und drängt und sprengt
und hat sich mit der Welt vermengt
und ist nicht mehr zufrieden
mit dem, was ihm beschieden.

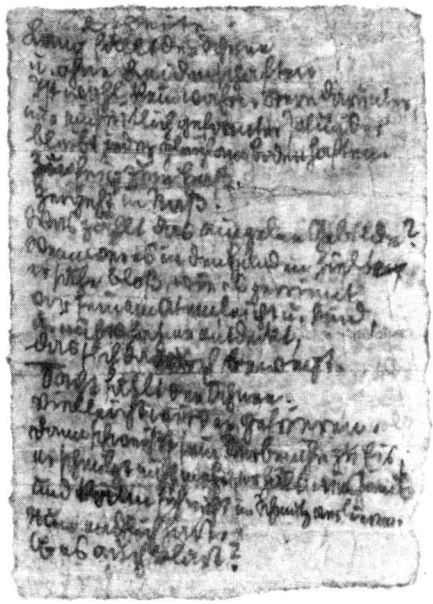 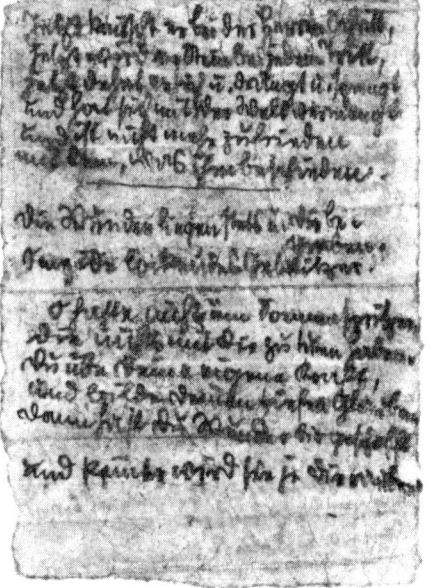

Format: 7,8 x 5,7 cm; dünnes, graues Packpapier, beidseitig beschrieben Bleistift, Kurrent; entstanden: zwischen 17. Dezember 1941 und 14. Jänner 1942 in *Graz* (Polizeigefängnis)

Die immer erst fragen ...

Die immer erst fragen,
ob es sich lohnt, zu wagen -
traut ihnen nicht.
Hinter klug tuendem Schweigen
verbergen gerne die Feigen
ihr Gesicht.

Oder gar, die stets bedenken,
ob es nicht besser sei, einzulenken -
die meidet.
Mit halben Schritten
wird kein Sieg erstritten,
nur der Kampf verleidet.

Dann jene, die jedes Mal beteuern,
andere müßten die Welt erneuern -
von denen rückt ab.
Weil sie bloß so zappelig maulen,
um ungestörter dahinzufaulen
auf fremder Hab'.

Die aber, die nörgelnd beschwätzen,
wo welche ihr Leben einsetzen,
die haßt.
Denn sie werden nach allen Taten
immer nur stabbrechend beraten
in ihrer Gedankenmast.

Fürchten alle zusammen
für ihre schlechten Namen
und Köpfe.
Wollen, ehe sie einen Finger rühren,
recht handgreiflichen Nutzen spüren -
eben Tröpfe.

① Die immer erst fragen,
ob es sich lohnt, zu wagen –
traut ihnen nicht.
Hinter klugtuendem Schweigen
verbergen gerne die Feigen
ihr Gesicht.

② Oder gar, die stets bedenken,
ob es nicht besser sei einzulenken –
die merdet.
Mit halben Schritten
wird kein Sieg erstritten,
nur der Kampf verleidet.

③ Dann jene, die jedes Mal beteuern,
andere müssten die Welt erneuern –
von denen rückt ab.
Weil sie bloss so zappelig maulen,
um ungestört dahinzufaulen
auf fremdem [...] Hals.

④ Die aber, die hörgeland beschwören,
wo welche ihr Leben einsetzen,
die hasst.
Denn sie werden nach allen Taten
immer nur stabreichend beraten
in ihrem Gedankenmist.

⑤ Fasst dies alle zusammen
für ihren schlechten Namen
u. Köpfe.
Wollen, ehe sie einen Finger rühren,
recht handgreiflichen Nutzen spüren –
eben Tröpfe.

Format: 13,8 × 6,4 cm; braunes Packpapier, beidseitig beschrieben: Tintenstift, Druckbuchstaben; entstanden: zwischen November 1941 und März 1942 in *Graz* (Polizeigefängnis oder Strafvollzugsanstalt *Karlau*)

Es ist der eine ...

Es ist der eine vor dem andern wie ein Dieb
und fürchtet, daß er ihm Gedanken stehle.
Verbirgt im tiefsten Winkel seiner Seele,
was ihn erheben soll und was ihm lieb.
Nur in der Nacht hebt er die Faust zum Gruß,
weil doch sein Herz auch einmal schlagen muß.

Es weicht der eine scheu dem andern aus,
und jäh im Sprechen gähnen Leeren.
Keiner soll merken, daß ein Gären
die Brust erfüllt, ein dröhnendes Gebraus.
Nur in den Träumen schleicht ein Ahnen
und knattern hundert rote Fahnen.

Es knirscht der eine, sagt's dem andern nicht
und sieht in fremden Augen kaltes Lauern.
Bei heißen Worten überläuft ihn Schauern,
durchzuckt ihn Glut, verdeckt er das Gesicht.
Und wenn einst Fesseln fallen, wird er nicht vertrauen
und heimlich nach versteckten Spitzeln schauen.

Format: 7,5 x 5,8 cm; dünnes, graues Packpapier, einseitig beschrieben: Bleistift, Kurrent; entstanden: zwischen November 1941 und März 1942 in *Graz* (Polizeigefängnis oder Strafvollzugsanstalt *Karlau*)

Mein lieber Bruder u. alle meine anderen Lieben! Bitte setzt euch keiner unnötigen Gefährdung aus. Ich freue mich sehr, daß ihr auf der gleichen Seite steht wie ich, daß uns eine gleiche polit. Anschauung bindet. Aber ihr dürft nicht der Brut in die Hände fallen, die mich jetzt knebelt. Wen sie einmal in den Krallen haben, den lassen sie kaum mehr aus. Bedenkt das stets! Ich schreibe euch dies alles <u>nicht</u>, weil ich irgendetwas für euch fürchte, <u>nur</u> um für alle Fälle rechtzeitig zu warnen. Ihr dürft euch durch mein Schicksal <u>nie</u> zu <u>unüberlegten</u> Handlungen verleiten lassen! Vergeßt nicht, daß jeder von euch durch mich in weiterem Sinn nunmehr für die Gestapo politisch nicht mehr ganz einwandfrei ist, daß die Gestapo besonders jetzt, wo sie ihre Tage gezählt weiß, bespitzelt u. beobachtet, was sie nur kann. Diese meine Worte sollen keine Panikstimmung bei euch auslösen. Ja, ihr werdet, ihr <u>müßt</u> euch einsetzen für das, wofür ich zu sterben bereit bin! Aber nicht unbedacht! Die Zeit kann nicht mehr ferne sein, wo ihr offen für euere Anschauung eintreten, ihr am besten nützen könnt. Fredl, <u>vor allem Dir</u> gelten meine Sätze! Du lieber, guter Genosse, sei immer vorsichtig, eher 10 Mal zuviel als einmal zuwenig. Der Wert eines Kämpfers - so kostbar

Mein lieber Bruder u. alle meine anderen Lieben! Bitte
setzt Euch keiner sinnstigen Täuschung aus. Ich
freue mich sehr, daß Ihr auf der gleichen Seite steht
wie ich, daß uns eine gleiche polit. Anschau-
ung bindet. Aber Ihr dürft nicht der Partei
in die Hände fallen, die uns jetzt knebelt.
Wenn sie einmal in ihre Krallen haben, den las-
sen sie kaum mehr aus. Bedenkt das stets! Ich
schreibe Euch dies alles nicht, weil ich irgendetwas
was für Euch fürchte, nur um für alle Fälle
rechtzeitig zu warnen. Ihr dürft Euch durch
mein Schicksal nie zu unüberlegten Handlung-
en verleiten lassen! Vergeßt nicht, daß jeder
von euch durch mich in weiterem nun nun-
mehr für die Gestapo politisch nicht mehr
ganz einwandfrei ist, daß die Festnahme beson-
ders wo die Tage gezählt werden, bespitzelt
u. beobachtet, was sie nur kann. Diese meine
Worte sollten keine Panikstimmung bei Euch aus-
lösen. Ja, Ihr werdet Euch mit zu setzen
setzen für das, wofür ich zu sterben bereit bin!
Aber nicht unbedacht! Die Zeit kann nicht mehr
ferne sein, wo Ihr offen für unsere Anschauung
eintreten, ja aufs beste nützen könnt.
Hedl vor allem Dir gelten meine Sätze!
Du Mehr guter Genosse, sei immer vor-
sichtig, eher 10 Mal zu viel als einmal
zu wenig. Der Wert eines Kämpfers – so kostbar

Wagemut sein kann – wächst mit seiner geschickten Anpassung, dem klugen, kühlen Erwägen mitten in der aufpeitschenden Schlacht. Und wir alle stehen jetzt ganz im großen Gefecht! Wir scheuen kein Opfer, aber wir wollen jedes vermeiden, das sich vermeiden läßt. – Ein besonders beachtenswerter Punkt: Hinter jeder Anteilnahme kann nichts als heuchelnde Neugier stecken, die dann aus Dummheit oder Berechnung die Würgeschlinge drehen hilft. So wenig wir in unserem Herzen Mißtrauen nähren wollen, so wichtig ist <u>äußerste Zurückhaltung</u> bei noch fraglichen Freunden. – Und damit zu meinen Gedichten: Jedes einzelne will einem Zweck dienen, u. kann es das jetzt schon, umso besser. Aber am besten werden sie erst dann wirken können, wenn sie laut gesprochen werden dürfen. Dann ist ihre Zeit da! Und bis dorthin <u>darf</u> keines der Gestapo in die Hände fallen. Keines, Fredl. Lieber jetzt ganz ruhen lassen, an einer sicheren Stelle. Und kreisen welche, so müssen sie es <u>namen</u>- u. <u>herkunftslos</u>. Der Name zählt nicht. Daß sie Gedankengut von vielen wären, ist mein tiefer Traum; von wem es dann stammt, darauf kommt es nicht an. – Fredl, ihr alle, versteht mich voll u. ganz: <u>Vorsicht bis ins Kleinste!</u> Bitte diese Worte nach Möglichkeit auch Franz M. lesen lassen, dessen Besuch ich mir wünschte. Und auch Toni. – An Kleinigkeiten schrieb ich euch ja das meiste, Besuch usw. W.gasse bis jetzt nichts.
In tiefer V e r b u n d e n h e i t
euer R.

Gestapo: Geheime Staatspolizei; *Fredl:* Alfred Zach, Bruder; *Franz M.:* vmtl. Franz Muhri, Verbindungsmann der Zachschen Gruppen in die Weststeiermark, in den 70er Jahren Vorsitzender der KPÖ; *Toni:* vmtl. Toni Gölles, Schwager; *W.gasse:* mglw. Wielandgasse (Graz)

Rückseite zu S. 29

Und wenn ich aber ...

Und wenn ich aber leben muß,
so sei's ein arbeitsreiches Leben.
Die Hände nicht nur zum Genuß
sollt ihr den andern geben.

Und wenn ich einmal kämpfen muß,
sagt mir genau: wozu, warum.
Dann wank' ich niemals bis zum Schluß
und schlag' die Feinde um.

Und wenn ich Kinder haben muß,
aus meinem Fleisch gerissen:
ein jedes hart wie eine Nuß
und in die Welt verbissen.

Und wenn ich einmal sterben muß:
so sei's kein keuchend Mühen.
Gleich einem brennendheißen Kuß
ein zuckendes Verglühen.

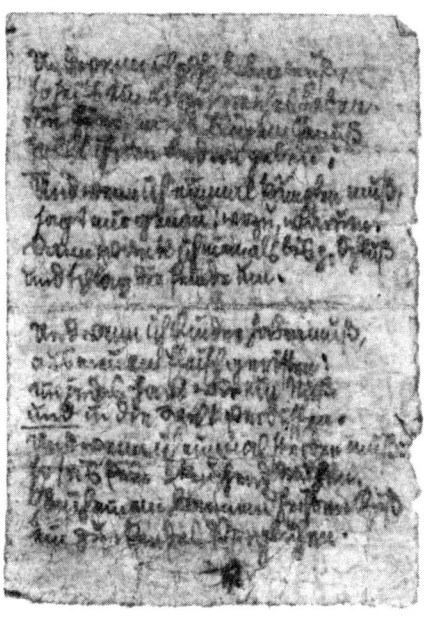

Format: 7,8 x 5,7 cm; dünnes, graues Packpapier, beidseitig beschrieben: Bleistift, Kurrent, Steno; entstanden: zwischen 17. Dezember 1941 und 14. Jänner 1942 in *Graz* (Polizeigefängnis)

Ich möchte große, klare ...

Ich möchte große, klare, wahre Bilder malen,
das Glück des Glaubens geben, breite Brücken schmieden!
Doch meine Hand muß in der Hungerhaft ermüden...
Doch meine Augen in der Zellennacht verfahlen.

Des Henkers Haß zermürbt die Kraft, wird sie bald töten.
Die Stunden steten Darbens sticken, was ich sehne...
Die Blätter, die ich schreibe, feig zernagt von Nöten,
sind nur verstreute Teile meiner vielen Pläne.

Format: 7 x 5,5 cm; gelbes Kanzleipapier, beidseitig beschrieben: Tintenstift, Latein; entstanden: zwischen November 1941 und Jänner 1943 in *Graz* (Polizeigefängnis, Strafvollzugsanstalt *Karlau* oder Landesgericht) oder in *Berlin-Moabit* (Gestapo-Gefängnis)

Dennoch will ich ...

Dennoch will ich Lieder singen,
immer wieder, immer wieder.
Brecht ihr ihnen auch die Schwingen,
immer wieder sollen klingen
meine, meine Freiheitslieder.

Sing' – in Haft begraben – leiser,
hören nur die eignen Ohren,
hören, daß die Worte heiser.
Dennoch hab ich mir als Weiser
noch einmal ein Lied geboren.

Mögen alle ähnlich tönen,
dienen ja dem gleichen Ziele.
Sollen eure Macht verhöhnen,
auch im Knirschen, auch im Stöhnen.
Nie sang ich aus Lust am Spiele.

Nennt ihr einst mein Singen Kreischen,
soll's mich mehr als andres freuen.
Wollt' nie von euch Beifall heischen.
Eins nur wird mich bitter reuen:
daß ich nicht kann lauter schreien.

Dennoch will ich Lieder singen,
immer wieder, immer wieder.
Brecht ihr ihnen auch die Schwingen,
immer wieder sollen klingen
meine, meine Freiheitslieder.

Format: 7,9 × 5,6 cm; dünnes graues Packpapier, beidseitig beschrieben: Bleistift, Kurrent; entstanden: zwischen November 1941 und März 1942 in *Graz* (Polizeigefängnis oder Strafvollzugsanstalt *Karlau*)

REBELLENLIED

Schleppt uns johlend zum Schafott.
Leiht den Bann von eurem Gott,
nennt uns Mörder, Diebe.
Pflanzt die schwarzen Galgenmäler
uns zum Gruß in alle Täler!...
Kennen eure Liebe!

Mauert uns in Keller ein,
kauft die Menge, werft den Stein.
Prahlt mit eurer Stärke.
Habt in vielen Zeitenläufen
uns verbrannt auf Scheiterhäufen,
uns und unsere Werke.

Streut die Asche in den Wind.
Das, was wir gewesen sind,
zerrt durch eure Gossen.
Aber wenn ihr meint, wir modern,
werden wir noch immer lodern,
lodern in Genossen.

Schlagt uns hundertmal zuschanden.
Leben doch in Niegekannten,
müssen weiter werben,
höhnend euer Blutgericht.
Erst wenn letzte Willkür bricht,
legen wir uns sterben.

Welten wollt ihr erbauen?
Und ihr faselt u. ihr träumt!
Spinnenweben wegperäumt.
Sollt auch in die Tiefen schauen.
Fort von allen Trunkenheiten,
Seien sie mit Gold verbrämt.
Müsst nicht um die Wüste streiten,
Klarer Blick ist oft verfemt.

Götter wollt ihr einmal stürzen
U. sucht heimlich schon Ersatz?
Euer Scheinglaubensschatz
Lässt sich dieser nicht kürzen.
Kehrt auf die Schrift't aufeun.
Hält nicht lange Sehnsuchtstoff,
Braucht nicht in die Wolken greifen,
Euer Hirn wars, das da quoll.

Manche Klammern sich an Binden,
Schwache Köpfe scheuen Licht.
Ihr – Ihr wolltet nicht Split.
Kehrt euch also von den Blinden.
Friedenswort dos neuen Schritte,
Fröhliches Tun aus eigner Kraft!
Abgelenkt vom Weg der Mitte.
........erschlafft.

Trotziges und Rebellenlied,
Schleppt uns johlend zum Schafott.
Leiht den Bann von eurem Gott,
Nennt uns Mörder, Diebe.
Pflanzt die schwarzen Galgenmäler
Uns zum Gruss in alle Täler!
Kennen eure Liebe!
Mauert uns in Keller ein,
Kauft die Menge, werft den Stein.
Prahlt mit eurer Stärke
Habt in vielen Zeitenläufen
Uns verbrannt auf Scheiterhaufen,
Uns u. unsere Werke.

Format: 17 x 14,8 cm; weißes Briefpapier, beidseitig beschrieben: Tintenstift, Druckbuchstaben; entstanden: zwischen 17. Dezember 1941 und 14. Jänner 1942 in *Graz* (Polizeigefängnis); linke Hälfte des Kassibers, rechte Hälfte S. 41

EIN GEDICHT ...

Erst ist es ein leises Beginnen
in meiner Seele tief drinnen
und fordert nicht Weh und nicht Lust.
Dann will es Gestalt gewinnen,
durchwandert mein nächtiges Sinnen
und schwingt immer lauter: Du mußt.

Und wird ein gepredigtes Singen
und läßt sich nicht niederzwingen
und zittert nach Leben und Laut.
Ein Wort noch, ein tändelndes Ringen.
Doch mit dem erahnten Gelingen
klingt alles gewohnt und vertraut.

Nicht meißelt die Hand nun strenge.
Ermüdet von scheinbarer Länge,
verebbt in der Stille der Schrei.
Schon brausen neue Gesänge.
Das Alte wird tönerne Strenge -
ich kann nicht verweilen dabei.

Und sind doch nur andere Worte
in jedem frischen Akkorde,
ein Echo im ehernen Ring,
ein Suchen am nämlichen Orte.
Ob ich nicht die vielen Worte
am Ende mir selber sing'?

Streut die Asche in den Wind.   X
Das, was wir gewesen sind,
Zerrt durch eure Gossen.
Aber wenn ihr meint, wir modern,
werden wir noch immer lodern,
lodern in Genossen.
Schlagt uns hundertmal zuschanden,
Leben doch in Nie gekannten,
lassen weiter wehen,
Schwur eurer Bürgergricht.
Erst wenn letzte Spur uns bricht,
werden wir vergehen.
Ein Gedicht.   X
Erst ist ein leises Beginnen
In meiner Seele tief Irrinnen
und sondert nicht Weh und Lust.
Dann will es Gestalt gewinnen,
Fordert fest mein mächtiges Sinnen
Schwingt immer lauter: Du musst!
Und wird ein gepresstes Singen
Lässt sich nicht niederzwingen
Zittert nach Leib u. Laut
Ringendes Ringen
Doch mit dem erahnten Gelingen
wird alles gewollt u. vertraut.
Jetzt heisst es die Hand nun strenge.
Ermüdet von scheinbarer Länge
vereblt in der Stille der Schrei.
doch brausen neue Gesänge.
Das Alte wird tönerne Strenge –
ich kann nicht verweilen dabei.
Und sind doch nur andere Worte
in jedem frischen Akkorde,
ein Echo im ehernen Ring,
ein Suchen am nämlichen Orte.
Ob ich die vielen Worte
               nicht
am Ende mir selber sing'?

Tagtäglich kommt ...

Tagtäglich kommt an unser Gitter
        ein Fink
und schimmert voller Sonnensplitter
und singt: Das Leben ist nicht bitter.
        Tiwink.

Tagtäglich streuen wir ihm Brot,
        und Fink
pickt es auf. In unsrer Not
ist er das Leben, ist nicht tot
        und Ding.

Tagtäglich warten wir auf ihn.
        Er setzt
sich nur aufs Fenster hin
und hat nicht Angst und wird nicht fliehn
        und schwätzt.

Dann sieht er unsre Zelle an,
        der Fink,
und denkt sich wohl: "Was gehts mich an,
was die getan, was die getan,
        ich sing'."

Und wenn Du uns einmal vergißt,
        Du Fink,
und bei der nächsten Zelle frißt,
so sei Dein Bruder uns gegrüßt.
        Tiwink.

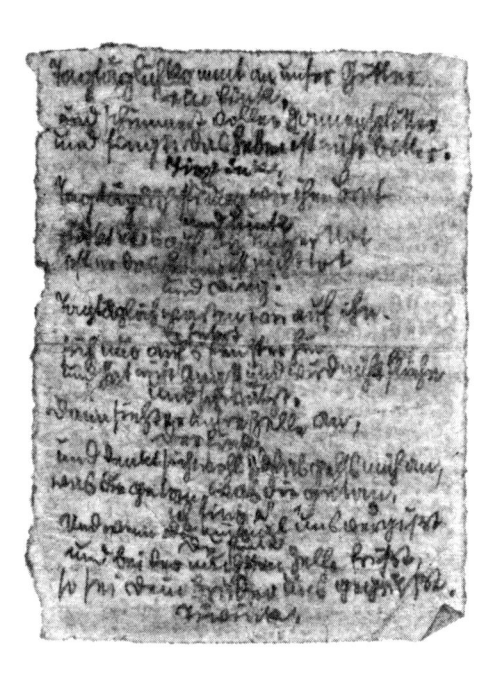

Format: 7,9 × 5,9 cm; dünnes graues Packpapier, beidseitig beschrieben: Bleistift, Kurrent, Steno; entstanden: zwischen November 1941 und März 1942 in *Graz* (Polizeigefängnis oder Strafvollzugsanstalt *Karlau*)

MEINE ZELLENGEDICHTE

I.

Im Gitterschatten geträumt...
O wie griff er nach mir!
Voll Verzweiflung hat sich der Wille aufgebäumt,
Freiheit fordernd in einer heiligen Gier!
Aber die Wände zischelten höhnend
und rückten und drückten ihn tot...
Nur ein Seufzer verlor sich stöhnend:
"Wann endet die Not, die Not?"
Sank wie formloser Nebel gleichgültig ins Seelentief,
schwang wieder zitternd hoch, rief, rief -
bis die Schatten verschmolzen zu einem erstickenden
                                           Knebel
und ich schlief ...

II.

In Einzelzelle verspürt...
Garn um Garn wirft der Schattenfinger!
Unerbittlich wird Körper und Geist verschnürt.
Mauerstumm sperrt der Zwinger.
Oh, das Eisen bleibt kalt,
ob auch fiebernde Fäuste dran rütteln.
Jeder Schrei, der durch frostige Luft hallt,
wird verschluckt von den lauernden Bütteln.
Nicht ein Weg, nicht ein Steg,
der erlöst aus verfallender Nacht.
Blöd und träg
halten billige Schergen der Macht die Wacht.
Alles Hoffen, in Daumenschrauben gespannt,
muß verflackern gleich einem verlöschenden Brand.

Format: 8,2 x 6,1 cm; gelbes Kanzleipapier, beidseitig beschrieben: Tintenstift, Latein; entstanden: zwischen April und August 1942 in *Berlin-Moabit* (Gestapo-Gefängnis)

III.

Auf harter Pritsche geflüstert,
als ein plötzliches Ahnen aufklang!
Gemurmelt, von drohenden Reden umdüstert,
auf der engen Anklagebank.
Gebetet mit zuckendem Munde.
Ergeben gelauscht.
Gejubelt zu anderer Stunde,
vom Trotze berauscht.
Vernommen mit offenen Ohren
und heimlich weitererzählt.
Die müden Genossen damit beschworen,
die Feigheit gepfählt.
Und immer wieder in Glauben wie Glut,
in Hoffen wie Sehnen die Worte verbunden.
Der Seele errichtet als weisendes Mal
und die Kraft zum notwendigen Kampfe gefunden.

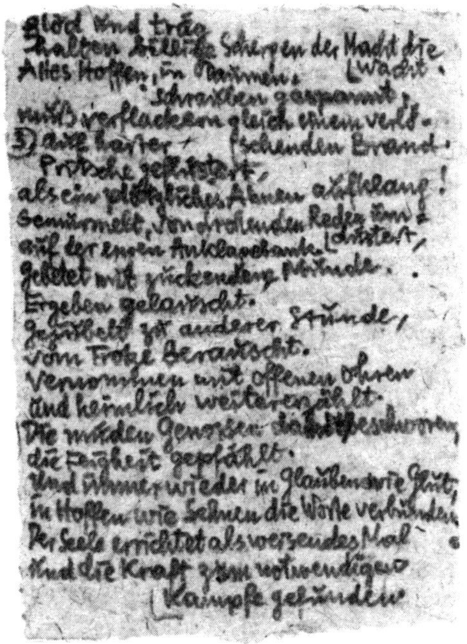

FRÜHLINGSGEDICHTE

I.

Ich lege meine fahle Hand
behutsam auf die kahle Wand,
damit er nicht zerstiebe,
der wunderhelle Sonnenstrahl,
der sich in meine Zelle stahl.
O Sonne, liebe, liebe.

Du wandelst dieses enge Loch
in eine Frühlingswiese noch!
Es rieselt mir im Blute
die Wärme, die das Leben weckt!
Nie habe ich so froh entdeckt
Dich, Sonne, gute, gute.

Ich lehne meinen Kopf zurück
und lausche auf ein leises Glück...
Wie ist mir nur zumute?
Fast scheint es mir, ich wäre frei...
O Sonne, bringe bald den Mai!
O Sonne, glute, glute!

Format: 10,3 x 7,5 cm; gelbes Kanzleipapier, beidseitig beschrieben: Tintenstift, Latein; entstanden: zwischen April 1942 und Jänner 1943 in *Graz* (Landesgericht) oder in *Berlin* (Gestapo-Gefängnis)

II.

Ein Strauch mit hellen gelben Blüten
hat sich in unsern Hof verirrt.
Ich möchte ihn so gern behüten!
Der Wächter aber ruft und klirrt...

Ein Strauch, verklärt vom Sonnensegen.
Daß ihn der Schatten nicht erdrückt?
Ich möchte ihn so gerne pflegen,
damit er lang die Öde schmückt!

Doch muß ich stumm im Kreise gehen,
fünf Schritte Abstand... "He, wer spricht?!"
Und immer starr nach vorne sehen.
Den Frühling kennt die Vorschrift nicht.

Darf nur mit frohen Augen trinken
die Helle, die selbst hier noch schwingt,
glückselig sein im Strahlen, Blinken,
eh' mich die Zellennacht verschlingt.

Format: 10,6 x 3,2 cm; gelbes Kanzleipapier, beidseitig beschrieben: Tintenstift, Latein; entstanden: zwischen April 1942 und Jänner 1943 in *Graz* (Landesgericht) oder in *Berlin* (Gestapo-Gefängnis); links oben 2. Fassung von III. Draußen … (S. 52), rechts oben 2. Fassung von II. Ein Strauch … (S. 50)

III.

Draußen tanzt jetzt wohl der Frühling seinen Reigen...
Die Kastanien zünden helle Kerzen an.
Finken locken in den grünen Lindenzweigen.
Lauer Regen rieselt segnend dann und wann. -
Doch hier innen knurren nur die Büttel in das Schweigen.

Draußen hat die Sonne Feld und Flur bemalt.
Blumen breiten ihre Kelche in der Wärme.
Blüten träumen selig. Leise rauscht der Wald.
Spatzenstrolche freuen sich am Lärme...
Doch hier innen bleibt es düster, grau und kalt.

Hohe Wände halten allen Frohsinn ab.
Gitter, trübe Scheiben hemmen jeden Strahl.
Selbst der eine Baum im Hofe fröstelt kahl.
Nur die Sehnsucht pocht erregter an ihr Grab,
und die trüben Tage des Vermoderns scheinen doppelt fahl.

102 Hans Carossa

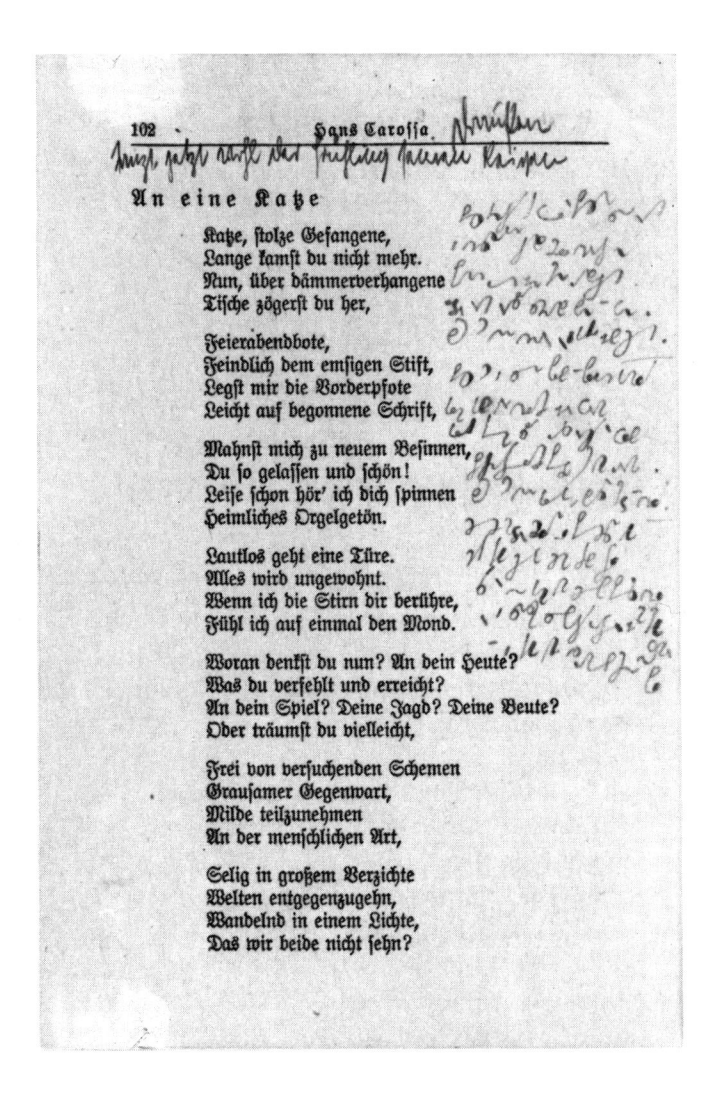

An eine Katze

Katze, stolze Gefangene,
Lange kamst du nicht mehr.
Nun, über dämmerverhangene
Tische zögerst du her,

Feierabendbote,
Feindlich dem emsigen Stift,
Legst mir die Vorderpfote
Leicht auf begonnene Schrift,

Mahnst mich zu neuem Besinnen,
Du so gelassen und schön!
Leise schon hör' ich dich spinnen
Heimliches Orgelgetön.

Lautlos geht eine Türe.
Alles wird ungewohnt.
Wenn ich die Stirn dir berühre,
Fühl ich auf einmal den Mond.

Woran denkst du nun? An dein Heute?
Was du verfehlt und erreicht?
An dein Spiel? Deine Jagd? Deine Beute?
Oder träumst du vielleicht,

Frei von versuchenden Schemen
Grausamer Gegenwart,
Milde teilzunehmen
An der menschlichen Art,

Selig in großem Verzichte
Welten entgegenzugehn,
Wandelnd in einem Lichte,
Das wir beide nicht sehn?

BUCH mit gelbem, festem Einband (gebunden), Titel: "Das Neue Deutschland im Gedicht" (1938); Bleistift, Steno (zwischen darin gedruckten Gedichten stenografiert; Seiten waren zusammengeklebt); entstanden: zwischen April und August 1942 in *Berlin-Moabit* (Gestapo-Gefängnis); 1. Fassung von III., Draußen …

Es ringt und reift...

Es ringt und reift in mir,
schreit nach Form und Gestalt,
wird, will, verlangt Leben, Laut, Klang.
Oh, ich bin nicht krank
und fiebere doch. Bang verkrallt
ineinander, in meine Seele, voll Gier,
voll heiliger Gier, beben Pläne
und ahnen: Sie dürfen nicht sein...
O Druck des Ungeschaffnen!
   Wie ich mich auflehne!
Wie ich sie dämpfen möchte, nicht kann!
   O Pein!
Die Quelle, die werden wollte
   ein Bach, ein segnender, werkender Fluß,
aus Gründen sprudelnd, die reich sind, reich
(ich fühle es jetzt!),
sie muß versiegen, nach einem trockenen Schluß
papierener Paragrafen.
Ja, sie muß, sie muß, sie muß...
Kann sie das? Wer hat das Recht? Wer?
Seht doch, ihr hohen Herren vom Senat,
ich bin nicht leer!
Seht doch, ich bin so voll! -
Ach, das ist ihnen wohl gleich,
und sie lächeln nur, schad! -
Fällen ein Urteil nach Abschnitt 3, ohne Groll.
"Keine Milde möglich." Aus. Tod!
Nein, nicht das Sterben. Die bittere Not:
mitzunehmen ins Grab das Unvollendete,
   das, das ist schwer.

Format: 9,4 x 7,5 cm; gelbes Papier (Einband), beidseitig beschrieben: Tinte, Kurrent; entstanden: zwischen April und August 1942 in *Berlin-Moabit* (Gestapo-Gefängnis); Fortsetzung S. 57

Und so sprudelt der Brunnen über,
ersäuft sich selbst, findet nicht mehr sein Bett.
Kann nicht mehr treiben, nicht tränken,
nicht schenken, zu spät, zu spät.
Einige Fetzen Gischt nur, einige Spritzer
fliegen über den Sand.
Werden wohl bald verdunsten – Geglitzer...,
das kaum jemand fand.
Werden kaum eine Blume nähren,
kaum Wiesen, nie einen Baum.
Werden höchstens Stunden währen...
Wer formt meinen Traum?

Format: 9,5 x 8 cm; gelbes Papier (Einband), beidseitig beschrieben: Tinte, Kurrent; entstanden: zwischen April und August 1942 in *Berlin-Moabit* (Gestapo-Gefängnis); Fortsetzung S. 59

O Du herrliches Leben ...

O Du herrliches Leben,
nicht nur weil *ich* Dich liebe und ehre
in Wurzel, Wipfel und Wald,
nicht nur weil ich Dein vielfältiges Geben
aufsaugen möchte mit jeder Faser,
klammre ich mich an Dich, suche Halt.
Mehr noch, mehr, weil ich schwanger
bin von Werken, mehr noch deshalb.
Ob sie würdig und nötig wären -
ich weiß nicht. Doch geboren, geboren wollen sie sein,
nicht stumm, starr, kaum merkbar, kaum halb
enden mit mir. Wem kann ich sie zeigen? Bleibt Zeit?!
Wie mein Herz blutet, wie meine Seele schreit:
Wände, kahl, Gitter, hart; abgeschlossen, allein; jetzt schon tot.
Zweifach ist so mein Sterben, zehnfach die Not.
Könnte ich nur gebären, einmal, einmal gebären,
ich stürzte wohl anders in Nacht.
Sollte ich auch das Gekreißte kaum sehen, erleichtert
von dieser Tracht,
ruhiger, still erduldete ich den Schlag...
"Könnte, könnte, könnte..." Was ändert's? Stur neigt sich der Tag.

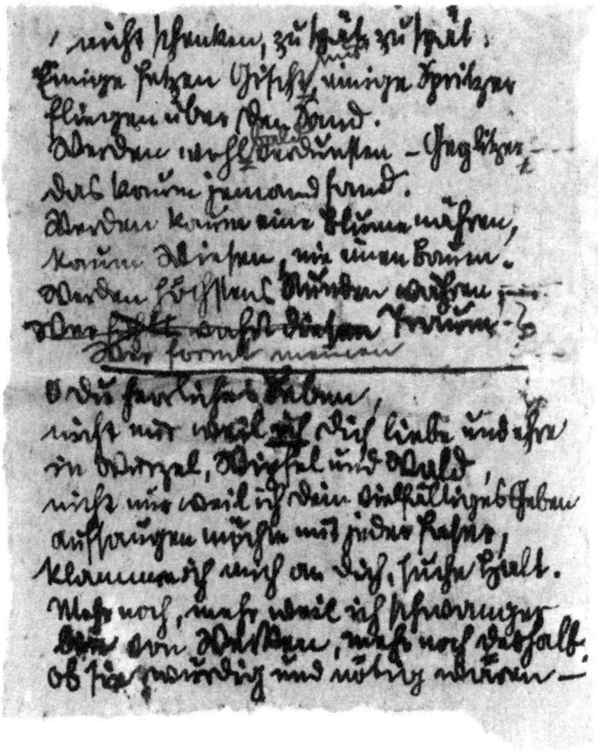

Rückseite zu S. 57; Fortsetzung S. 61

So werde ich also ...

So werde ich also schweigen müssen, obwohl selbst meine
                         Träume erfüllt sind von Rufen.
So werde ich also enden müssen, ohne zu steigen die Stufen.
So werde ich also mit hastenden Händen schaffen und schreiben,
ohne daß einer die Zeichen sieht, ohne Tinte, Papier;
und trotzdem – bis in die letzte Sekunde: In mir, in mir!

Denn die Feder läßt mir der Wächter nicht länger und horcht bei
der Tür, ob ich was anderes schreibe als den vorschriftsmäßigen
Brief an... streng nach Gebühr.

Format: 11,6 x 11,2 cm; gelbes Papier (verso: "Gebrauchsanweisung"), einseitig beschrieben: Tinte, Kurrent; entstanden: zwischen April und August 1942 in *Berlin-Moabit* (Gestapo-Gefängnis)

VATERLAND

Ich habe hinter Stacheldrahtverhauen,
im schweren Schatten der Gefängniswand,
in kleinem Kummer und in großem Grauen
gesucht nach meiner Heimat, meinem Vaterland.
Die Seele, blind von Düsternis und Darben,
umsehnte es mit Berg und Baum und Stadt,
und Tausende Erinnerungen warben.
Doch zwischen allem drohten, trennten glatt,
fremd, finster, starr die dicken Kerkermauern,
und durch die Gittergänge brüllten Schergen.
Da löschte mein Verlangen unter Schauern,
ich mußte es verbergen.

O nein, wir sind nicht arme Heimatschmäher,
entwurzelt, feind dem tiefen, süßen Triebe!
Wir leben, beben trotz Fabriksfron näher
der Heimat Erde! Unsre heiße Liebe
glost unter Schlacken, leuchtend aufzulohen,
wenn Freiheit schürt, ein läuternd lichter Brand;
doch ein zerstörender, wenn Henker drohen,
wenn Heuchler eine Mär von "Vaterland"
vorfabeln, ihre Willkür so zu decken
mit Frasen, blenden möchten und entweihn!
Erst wenn wir bannten Lüge, Zwang, Gier, Schrecken,
kann uns die Heimat Heimat sein!

Format: 8 x 7,5 cm; gelbes Kanzleipapier, beidseitig beschrieben: Tintenstift, Latein; entstanden: zwischen November 1941 und Jänner 1943 in *Graz* (Polizeigefängnis, Strafvollzugsanstalt *Karlau* oder Landesgericht) oder in *Berlin-Moabit* (Gestapo-Gefängnis)

AUFRUF

Sie sollen uns nicht zittern sehn
aus Angst vor ihren Gittern!
Und wenn wir auf der Richtstatt stehn -
noch wird in uns gewittern
der Widerstreit von Macht und Recht!
Kannst nie erwürgen, Henkersknecht,
die Forderung der Zeiten!
Bereit zum kommenden Gefecht,
erhebt sich stark ein Kampfgeschlecht
und wird den Sieg erstreiten; -
ein Geschlecht, das die Welt auf dem Rücken trägt;
ein Geschlecht, das tätig die Hände regt;
ein Geschlecht, das in elenden Hütten haust;
ein Geschlecht mit schwieliger Arbeitsfaust, -
und wird den Sieg erstreiten!

Sie sollen uns nicht betteln sehn
um unser Sklavenleben!
Anhören, wie wir Gnade flehn, -
das wäre so ihr Streben!
Und müßten wir zugrundegehn -
wir werden wieder auferstehn
beim Sturme der Genossen!
In blutigroten Fahnen wehn!
Die Saaten säen, die Ernten mähn,
die jenem Tag entsprossen.
Jenem Tag, der den Schaffenden nicht mehr nimmt,
was da ihnen gebührt, durch ihr Werken bestimmt!
Jenem Tag, der die Rechte auf alle verteilt!
Jenem Tag, der die Wunden der Willkür heilt!
Kein Blut wird umsonst vergossen!

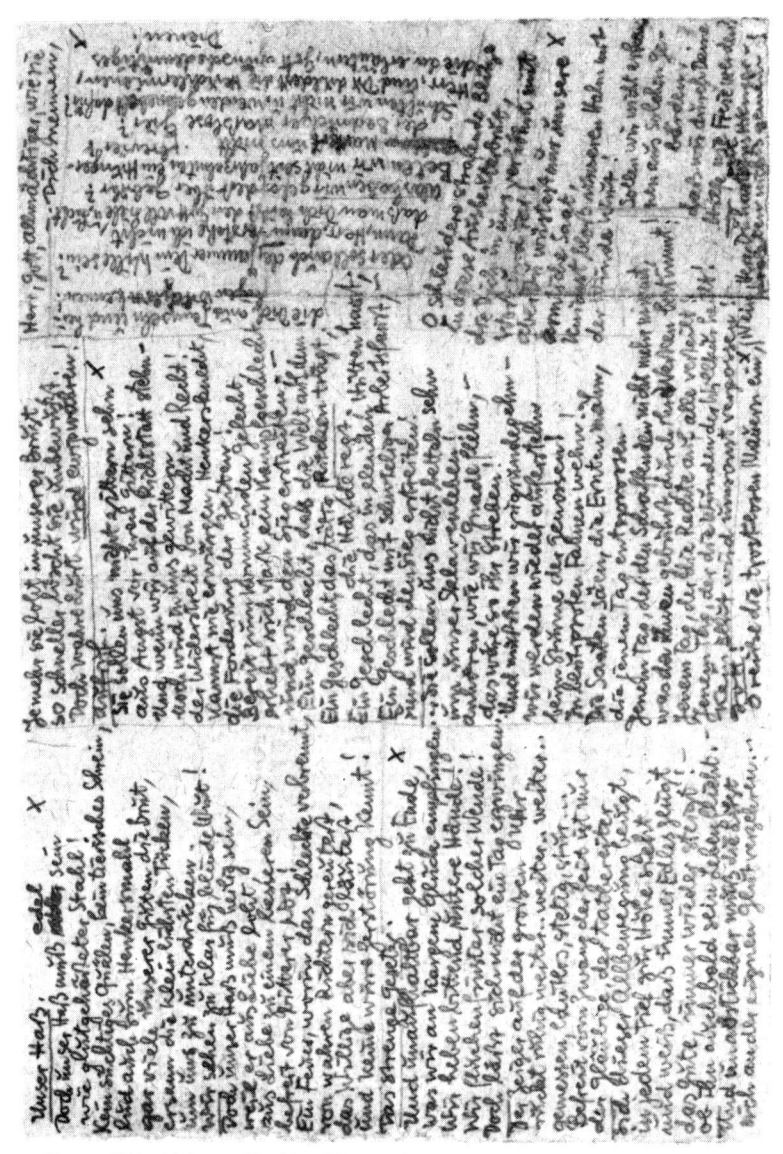

Format: 14,8 x 10,4 cm; gelbes Kanzleipapier, beidseitig beschrieben: Tintenstift, Latein; entstanden: zwischen April 1942 und Jänner 1943 in *Graz* (Landesgericht) oder in *Berlin* (Gestapo-Gefängnis); 1. Fassung des Gedichts, von rechts nach links stenografiert, auf braunem Packpapierumschlag

Der auserwählte Blutrat tagt ...

Der auserwählte Blutrat tagt:
Gesichter, gelangweilt, Mäuler, die höhnen,
von abgeklatschten Frasen tönen.
Der auserwählte Blutrat fragt:
Wer steht vor ihnen angeklagt?
Solche, die Recht und Gebühr verlangten,
nicht vor der drohenden Peitsche bangten...
Wenn einer eine Spanne zagt -
Genosse, erhoffe Dir kein Versöhnen!
Genosse, knirsche nur mit den Zähnen!
Der auserwählte Blutrat tagt.

Wozu denn dieses blöde Spiel?
Der Henker prüft doch schon das Beil!
Grinsen die Richter noch so geil -
was kümmern sie Gesetze viel?
Wir wollen trotzen stark und kühl,
wie wild sie unsre Reihen lichten,
wie blindlings, blutig sie vernichten!
Ihr Quälen macht uns kaum mehr schwül.
Die Schandurteile, die sie fällen,
verfinstern nicht das große Erhellen!
Uns richtet ewig nur das Ziel!

Format: 14,5 x 7 cm; braunes Packpapier, beidseitig beschrieben: Tintenstift, Druckbuchstaben; entstanden: im Dezember 1942 in *Graz* (Landesgericht)

DEM ZUM TOD VERURTEILTEN GENOSSEN

Wenn ich mit meinem Leibe noch den Deinen,
mit meiner Brust die Deine decken könnte!
O Freund, was hilft jetzt Fluchen, Suchen, Weinen?
Das bändigt nicht die Willkür, die uns trennte.

Nur eins steht sieghaft über allem Peinen:
Ob ich ohnmächtig sinke so wie Du -
uns wird die freie Tat ewig dem Leben einen,
trotz dunklen Grüften, trotz der Todesruh'!

Laß uns im Geist die Hände nochmals drücken.
Die Henker, die uns schamlos auseinanderreißen,
sie rauben viel! Doch nie wird ihnen glücken,
uns zu vernichten. Du wirst Sieger heißen!

Unsere Toten!
Ich spüre noch den warmen Druck der Hand,
die schaffen wollte, geben für das Gute!
Ich sehe noch die Stirn zum Ziel gewandt,
den Blick, den Schritt, die Haltung kampfgespannt,
Ihr Tun, im Ringen um das Recht gebannt,
Ihr Wesen, Wollen, Sein! Mir ist zumute,
als könnten sie sterben, wenn ich bin ....
Und sind doch tot! Und wieder von der Rute
gestriemt, gegeißelt, sanken schweigend, schönen
Und sind doch tot ... Mein Herz lebt von den Sinn..
Der Henker aber giert nach neutem Blute ....
Die Schergen schleppen nächste Opfer hin...
Wird einer Sterben, der uns weiter bildet?
Das einigt uns, ob auch der Herz schlag ruht,
ob uns geknebelt mordet diese Brut:
Die Toten sind Unsterblichen verbunden!

Dem zum Tod verurteilten Genossen.
Wenn ich mit meinem Leibe noch den Deinen,
mit meiner Brust die Deine decken könnte!
O Freund, was hilft jetzt Fluchen, Stöhnen, Weinen
Das bändigt nicht die Willkür, die uns trennte.
Nur eins steht siegshaft über allem Peinen:
Ob ich ohnmächtig sinke so wie Du –
uns wird die freie Tat
trotz dunkeln Erdenleben einen
trotz Todesruf!
Laß uns im Geist die Hände nochmals drücken.
Die Henker, die uns schamlos auseinanderreißen,
sie rauben viel! Doch nie wird ihnen glücken,
uns zu ... Du wirst Sieger heißen!

Den Genossinnen.
Wer euch berauschst mit düftenden Dämpfen,
wer euch, Genossinnen, gärend verweist,
ewig mit liebelnden Loderungen spielt
zügelt! Auch Ihr müßt wagen und kämpfen!
haltet! Auch Ihr steht im Ringen der Welt!

VOR DEM BLUTGERICHT

Ich fürchte nicht den Tod, der aus den Masken grinst.
Die Urteilssprüche, die ihr ohne Denken fällt,
vernebelt mir kein weihrauchsüßes Hirngespinst.
Ich weiß, der Henker ist bereits bestellt.
Gelangweilt füllt ihr nur die letzten Akten aus,
und eure Hakennasen spielen gnädig mit der Maus.

Was wollt ihr heuchelnd noch von mir erpressen?
Mich habt ihr! Nun – kühlt euer Mütchen, stiert
in allen Wunden; dürft nicht drauf vergessen!
Das ist es doch, was eure Gattung ziert.
Zwar müht ihr euch umsonst, indessen -
ihr mögt euch ohneweiters einmal überfressen!

Wir wollen uns noch bestens unterhalten!
"Jetzt", meint ihr, "statt um Trost zu beten?"
Ich klammere mich nicht an eure Kittelfalten.
Mir ist es klar: Es wird sich trotzdem nichts verspäten!
So möchte ich recht fröhlich sein – drum eben!
Begreift: Ich liebe jede Stunde Leben!

Format: 14,8 x 10,4 cm; gelbes Kanzleipapier, beidseitig beschrieben: Tintenstift, Latein; entstanden: zwischen April 1942 und Jänner 1943 in *Graz* (Landesgericht) oder in *Berlin* (Gestapo-Gefängnis); 1. Fassung des Gedichts, von rechts nach links stenografiert, im Buch, vgl. S. 53

VERRÜCKTES LIED

Was kümmert mich, was kümmert mich,
ob sie mich morgen hängen!
Noch lebe ich und hoffe ich,
die Ketten doch zu sprengen!
Vielleicht wird heute in der Nacht
der Henker plötzlich umgebracht!
Vielleicht beschließt der hohe Rat,
es wäre um mein Köpfchen schad!
(Gewiß, das ist's ja in der Tat!)
Ich will ihn nicht, ich will ihn nicht
zu einem Urteil drängen!

In einem Tag, in einem Tag
kann mancherlei geschehen!
Mit einem Schlag und ohne Frag'
der ganze Spuk verwehen.
Was soll nicht schon gewesen sein?
Vielleicht stürzt eine Mauer ein?
Vielleicht auch rettet mich davon
die langersehnte Rebellion?
(Es wäre ziemlich dringend schon.)
Das wollte ich, das wollte ich
am wenigsten verschmähen!

Ihr meint bedrückt, ich sei verrückt,
so schnell kann sich nichts wenden.
Nun denn – mißglückt! Nun denn – mißglückt.
Dann muß ich eben enden!
Heut aber pfeif' ich doch mein Lied!
Vielleicht... – Wer weiß, was noch geschieht?
Erst wenn der Strick den Atem nimmt,
die schöne Welt vor mir verschwimmt,
find' ich mich ab – und dann bestimmt.
Und winke euch, und winke euch
noch einmal mit den Händen.

Format: 10,6 x 3,2 cm; gelbes Kanzleipapier, beidseitig beschrieben: Tintenstift, Latein; entstanden: zwischen April 1942 und Jänner 1943 in *Graz* (Landesgericht) oder in *Berlin* (Gestapo-Gefängnis); Rückseite vgl. S. 51

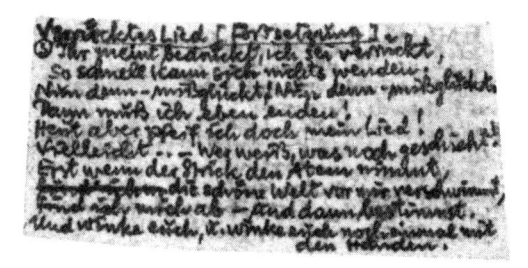

Format: 6,6 x 3,2 cm; gelbes Kanzleipapier, beidseitig beschrieben: Tintenstift, Latein; entstanden: zwischen April 1942 und Jänner 1943 in *Graz* (Landesgericht) oder in *Berlin* (Gestapo-Gefängnis); 1. Fassung des Gedichts, von rechts nach links stenografiert, im Buch, vgl. S. 53

WEIHNACHT IM KERKER

Und wieder Weihnacht... wieder hinter Gittern...
Im fernsten Winkel feiern sie die Liebe,
die Menschenliebe... Und in Stahlgewittern
verstöhnen andere, zerfleischt von Splittern.
Und Henker wecken dumpfe Mördertriebe.

Und wieder Weihnacht, wieder hinter Gittern!
Viel Hände schmücken gläubig Tannenzweige.
Und Heuchler predigen... Und Herzen zittern...
Wer hat wohl Grund, jetzt trotzig zu verbittern?
Die Glocken klingen: "Alles Hassen schweige..."

Uns aber, eingepfercht in düstren Zellen,
dem Tod bestimmt, weil wir nicht feige litten
die Willkür, wird kein Weihnachtslicht erhellen.
Denkt stets: Uns hilft kein Augenüberquellen,
kein Liebestraum! Erst wenn das Recht erstritten,

erst wenn vor eurem Haß die Unterdrückung
zerbrochen ist, die heute sich verbirgt
heimtückisch in weihräuchernder Verzückung,
erst dann ist Zeit für wirkliche Beglückung,
erst dann habt ihr ein Friedensfest erwirkt.

Format: 14 x 11,2 cm; gelbes Kanzleipapier, beidseitig beschrieben: Tintenstift, Latein; entstanden: im Dezember 1942 in *Graz* (Landesgericht); Rückseite vgl. S. 87

EIN NEUES JAHR?

Ein neues Jahr? Das ist nicht wahr!
Noch immer beugt ihr eure Nacken
und trottet schweigend in der Schar,
keiner ein Funke, alle Schlacken.
Noch immer betet ihr zu Gott,
daß er euch Glück und Frieden schenke
und gütig euer Schicksal lenke -
und werdet stets als Sklaven tot.

Noch immer werft ihr eure Leiber
als Dünger auf ein fremdes Gut.
Wozu gebären eure Weiber?
Die Willkür peitscht euch bis aufs Blut!
Doch ihr – ihr fürchtet euch zu sterben
für eine Welt, die euch gehört,
und meidet den, der sich empört;
und müßt ein Leben lang verderben!

Noch immer predigt ihr Geduld
und kriecht im Staub vor starren Götzen,
verkündet Demut, bettelt Huld,
dient blind den blutbespritzten Klötzen!
Noch immer schreckt ihr vor der Tat,
versperrt euch zag in euren Kammern
und liebt das tatenlose Jammern; -
und zeugt die nächste Sklavensaat.

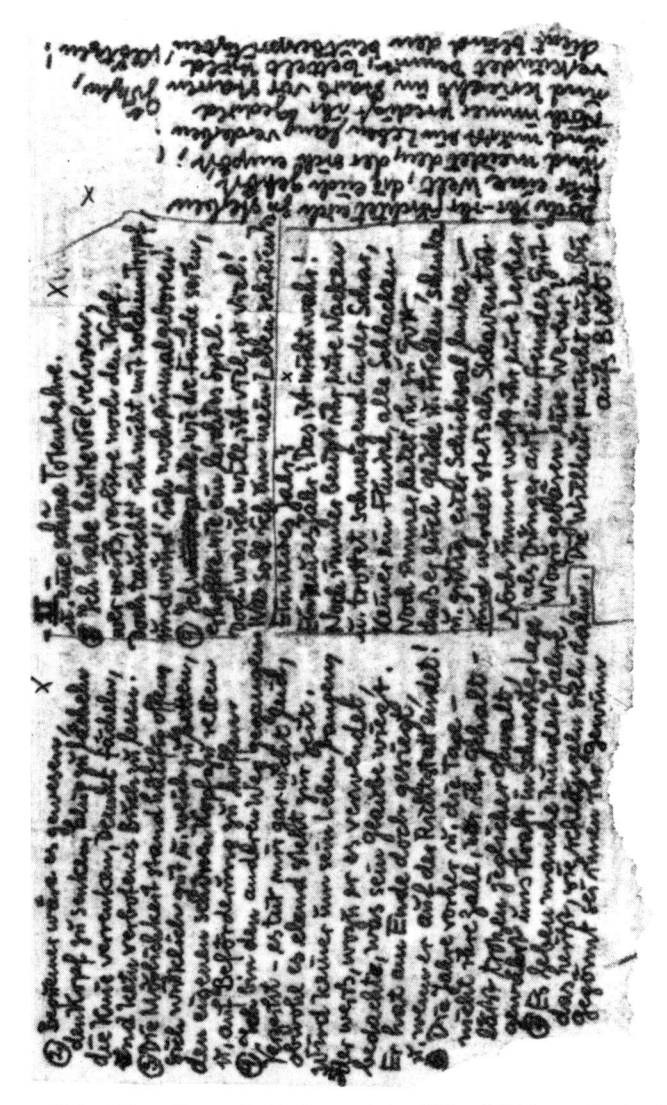

Format: 19,2 x 16,5 cm (2. von vier durchnumerierten Blättern); Seidenpapier, einseitig beschrieben: Tintenstift, Latein; entstanden: zwischen April 1942 und Jänner 1943 in *Graz* (Landesgericht) oder in *Berlin* (Gestapo-Gefängnis); linke Hälfte des Kassibers, rechte Hälfte S. 79

Ein neues Jahr? Ein Sklavenjahr!
Es wird den vielen andren gleichen,
die ihr schon schleppt, der Freiheit bar,
und wird genau so leer verstreichen,
ein Massengrab von Stundenleichen,
die erste wie die letzte schal.
Ein bloßes Mehren einer Zahl.
Ein müdes, ungenütztes Schleichen.

Doch feiert heute rasch ein Fest!
Der Tag ist eines Festes wert!
Berauscht, vergnügt euch, lärmt, vergeßt,
daß nur die Sklaverei sich jährt!
Tut so, als wäre eure Zeit
ein sinnenfroher Jahresreigen
und nicht ein ewig feiges Beugen!
Berauscht, vergnügt euch, taumelt, schreit!

Ein neues Jahr? O eitler Wahn!
Ein neuer Kreis von Hungertagen.
Ein neues Jahr beginnt erst dann,
wenn ihr den Mut habt, zuzuschlagen!
Wenn ihr die alte Willkür brecht!
Wenn eure Hände endlich wagen,
die Zuchthausmauern abzutragen!
Wenn ihr erkennt: Ihr seid das Recht!

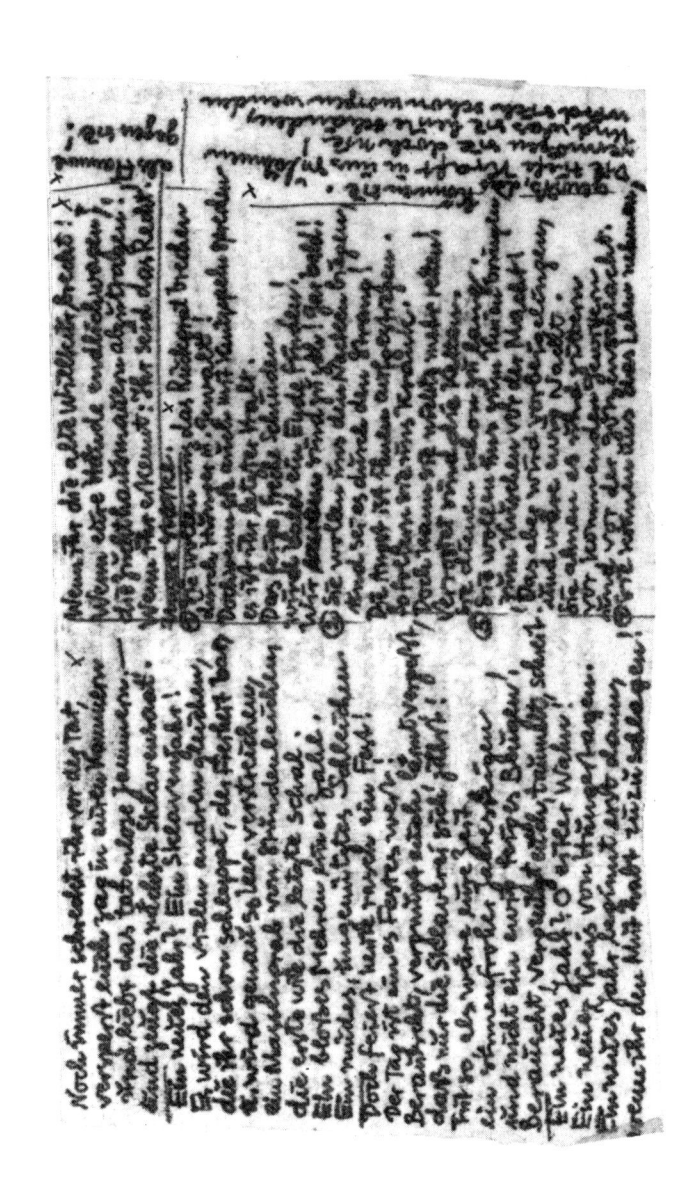

Rechte Hälfte zu S. 77

Aufzug 2

Ein neues Jahr? Das ist nicht wahr!
Noch immer betrügt ihr eure Nachbarn
Und betet schweigend in der Schar.
Keiner ein Fürsten. Alle Schlacken
Doch immer betet ihr zu Gott,
Daß er euch — Glück in Leiden schicke
Und mütig aus Schicksal lenke,
Und weidet, als Knechte tot.
Noch immer werft ihr eure Leiber

als Dinger auf ein fremdes Gut
Wozu geboren eure Weiber?
Ihr seid doch, wieder weiter Schutt.
Noch immer habt ihr Angst vorm Sterben
Für eure Volk, ihr euch geirrt. empört.
Und meidet den, der uns — —
Und möcht ein Leben lang verderben
Noch immer preist ihr Geschlecht
Und kriecht im Staub vor Göttern; *

Format: 10,7 x 7,4 cm (2 Bl.); weißes Papier (Zeitung?), beidseitig beschrieben: Bleistift, Latein; entstanden: zwischen 17. Dezember 1941 und 14. Jänner 1942 in *Graz* (Polizeigefängnis; an Alois Geschwinder in die Nachbarzelle gemorst); 1. Fassung; 2. Fassung vgl. S. 76/79

Und gehst Du frei ...

Und gehst Du frei, so hebt Dich eine Welle
und wirft Dich aus dem Nichts ins Licht.
Erschüttert stehst Du an der Schwelle
des Lebens. Blind vor solcher Grelle
und faßt Dich nicht.

Dann schreckst Du in ein leises Beben,
und alles Kleine scheint voll Glanz.
So lange siechtest Du daneben.
Nun kann die Seele sich erheben
zum Tanz!

Jetzt wird ein Träumen Dich umfangen,
wie andre Fieber überfällt.
Glut rieselt hoch in Deinen Wangen.
Sehnsüchtig flüstert Dein Verlangen:
"Schön ist die Welt."

Da plötzlich würgt Dich neues Trauern,
und selbst die Sonne löst es kaum.
Du wandelst hin im stummen Schauern
und lebst noch immer zwischen Mauern
und schreist im Traum...

Appell!
Das sind die Hände, feig und schwach
u. ausgemergelt von der Not.
Sie weisen leer u. zittern nach.
So zittert Angst um's tägl. Brot.
Der Blick ist weit. Das Hirn ist tot
u. horcht geduldig o. f. das Krächzen.
Aber die Herzen / die Herzen ächzen ...
Das sind die Hände, grussgestreckt.
Denn alle grüssen. Es ist Pflicht.
Dort steht der eine, es zweckt
an dem sich alle Richtung bricht.
Er lächelt (nein, er hört es nicht),
er lächelt stumpf u. schweigt in Tönen.
Aber die Herzen / die Herzen stöhnen.
Das sind die Münder jetzt, gesprengt,
nachbrüllend, was ein Mund befahl.
Ist keiner, der das Wort bedenkt,
versunken in dem Meer der Zahl,
aus Furcht von Nebenmann v. Qual
verflüchtigt sich ein jedes Dämmern.
Aber die Herzen / die Herzen hämmern.
Das sind die Augen, leeres Glanz,
der sie im Fieberschimmer täuscht,
ein Widerschein im Götzentanz,
der grell verstörte Opfer braucht,
von Weihrauchdünsten angehaucht,
damit sie nicht beim Schlachten mucken.
Aber die Herzen / die Herzen zucken.
Das sind die Leiber, dirigiert
v. dennoch teilnahmslos-entrückt.
Wer da noch einmal Gut gebiert?
Schwer ist die Last, die Schultern drückt,
hart ist der Zwang, der Rücken bückt,
der Kopf verwirrt von fremden Fahnen.
Aber die Herzen / die Herzen mahnen.
Das aber, das ist das Gefühl,
s' gibt nicht Ruh v. sagt jerlügt.
Er lügt, die klaren Lüfte schwül,
er lügt, damit es euch genügt,
er lügt, auf dass sich jeder fügt.
Doch seid ihr Sklaven, macht euch frei!
Und die Herzen / die Herzen stimmen dröhnend bei.

Und gehst du frei, so hebt Dich eine Welle
u. wirft Dich aus dem Nichts ins Licht.
Erschüttert stehst Du an der Schwelle
des Lebens. Blind vor solcher Grelle
und fasst Dich nicht.
Dann schreckst Du in ein leises Beben,
es ist alles k. eine scheint voll Glanz.
Solange stockst Du daneben,
nun musst die Seele sich erheben
zum Tanz!
Jetzt wird ein Träumen Dich umfangen,
wie andre Fieber überfällt,
Glut rieselt hoch in deinen Wangen
Sehnsucht flüstert dem Verlangen:
„Schön ist die Welt."
Da plötzlich wirft Dich neues Trauern
u. selbst die Sonne löst es kaum.
Du wandelst hin in stummen Schauern
u. lebst noch immer zwischen Mauern
u. schreist im Traum.

Jahrestag
Noch ist verfrüht, die Fahne bluten lassen,
Noch braucht es Blut, das jubelwild
mitreissend heiss durch Adern braust,
Noch Stoff zu machen hartes Hassen,
wie es aus Opfergräbern quillt, —
Nehmt die Gewehre in die Faust!
Die Toten rufen über alle Jahre:
„Was trauert ihr? Schafft uns den Tag,
den wir ersehnten, findet Not!"
Und weiter stehn wir schweigend an der Bahre
und Worte dröhnen, Schlag um Schlag:
„Solang ihr kämpft, sind wir nicht tot."

Format: 17 x 14,8 cm; weißes Briefpapier, beidseitig beschrieben: Tintenstift, Druckbuchstaben; entstanden: zwischen 17. Dezember 1941 und 14. Jänner 1942 in *Graz* (Polizeigefängnis); Rückseite zu S. 39/41

DIE NOTGEFÄHRTEN

Sie werden bis ans Ende meines Lebens
vor meinem inneren Gesichte wandern,
die Schatten – einer stumm hinter dem andern -
der Notgefährten eines gleichen Strebens;

der Kampfgenossen eines gleichen Müssens;
der Eingekerkerten für ein Verlangen...
Und stärkt sie auch die Kraft des tiefen Wissens -
sie sind doch von dem harten Los befangen.
Es schüttelt keiner ganz die Last vom Nacken -
wie kühn er seine Stirne wieder hebt;
das große Schweigen muß ihn manchmal packen,
das Seufzen, das durch jede Stunde bebt.

Sie schreiten, schreiten, schreiten... seltsam schwer...
im Kreise um den Tisch... woher? wohin?...
durch unsern engen Hof; in steter Kehr...
Sie gehen, gehen, gehen, daß der Sinn
oft fraglich scheint, verworren, fremd, vergebens;
niemand mehr merkt, wie sie doch Ziele richten. -
Sie werden bis ans Ende meines Lebens
durch meine Tage wandernd mich verpflichten.

Format: 14,6 x 11 cm; gelbes Kanzleipapier, beidseitig beschrieben: Tintenstift, Latein; entstanden: zwischen November 1941 und Jänner 1943 in *Graz* (Polizeigefängnis, Strafvollzugsanstalt *Karlau* oder Landesgericht) oder in *Berlin-Moabit* (Gestapo-Gefängnis)

NICHT MEHR... (Für Herma)

Nicht mehr den hellen Morgen sehen,
wenn Röte wunderzart verzittert,
bevor die Sonne lichtgewittert!
In aller Jugendkraft vergehen!
Gemeuchelt werden von den Schergen -
und so viel Unerfülltes bergen!

Nicht mehr das Glück des Werkens spüren!
Nie mehr, von Tatenlust getrieben,
die Mühe meistern – und sie lieben!
Verwesen, sinken, sich verlieren...
Der blinden Wut, den Henkerkrallen,
wehrlos gemacht, zum Opfer fallen!

Nicht mehr Dich in den Armen halten,
Gefährtin, die sich mir erschlossen!
Nie mehr marschieren mit Genossen!
In einer Kerkergruft erkalten!
O – unausdenkbar! So voll Leben
ersticken, knicken, blaß verbeben!

Und doch – kann Willkür je zerstören,
was sich dem Sein derart verband?!
Wie früh ich auch ein Ende fand -
ich muß auf ewig angehören
der Welt, dem steten Drang in ihr,
dem Wollen, Sollen, Euch – und Dir!

Format: 14 x 11,2 cm; gelbes Kanzleipapier, beidseitig beschrieben: Tintenstift, Latein;
entstanden: im Dezember 1942 in *Graz* (Landesgericht); Rückseite zu S. 75

Ich weiß es...

Ich weiß es, wenn ich in die Sonne sehe:
Ich lebe noch in Millionen Jahren,
und wenn ich morgen schon vergehe.
Die Erde wird mich gut bewahren.
Sie nimmt mich auf gleich einem Kinde
und wärmt den Leib und stillt der Seele Glühen,
selbst wenn ich keine Söhne finde,
selbst wenn mir keine Töchter blühen,
die weiter meine Furche ziehen,
nach mir zu unerreichten Gipfeln stürmen,
laut jubelnd in die Sterne fliehen
und keuchend Stein auf Steine türmen.
Selbst wenn mein heißes Blut erstarrte -
die Erde wird es wieder tauen
und sprießen wie wunderzarte
Baumblüten, die den Frühling schauen,
Grashalme, die im Winde stammeln,
Kornblumen, blau wie Göttersphären,
Dufthonig, welchen Bienen sammeln,
Gewoge goldig reifer Ähren,
Brot, Menschen dargeboten,
Früchtefülle allen Menschenherden.
Dann harte Särge für die Toten,
dann weiche Wiegen neuem Werden
und Staub und lauer Regensegen
und scheue Tiere und Menschen mit Seele,
stets Teil im ewigen Bewegen,
das sich verwirrt, wenn ich ihm fehle...
Ich weiß es, wenn ich in die Sonne sehe,
daß: sterbe ich, bald werde ich geboren.
Und wenn ich morgen schon vergehe,
dem Leben bin ich nie verloren.

Format: 16,7 x 14,6 cm (1. von sechs durchnumerierten Blättern); gelbes Kanzleipapier, einseitig beschrieben: Tinte, Steno; entstanden: zwischen November 1941 und März 1942 in *Graz* (Polizeigefängnis oder Strafvollzugsanstalt *Karlau*)

Meine Lieben! Ihr wißt, wogegen ich mich erhoben habe: gegen die menschenunwürdige Unterdrückung, gegen Heuchelei und Unrecht, gegen die leibliche Ausbeutung des Standes, aus dem ich entsprang, gegen die geistige Unduldsamkeit, Verblendung – gegen das <u>Verbrecherische</u>! Aus ehrlichster Überzeugung, ohne schamlosen, gemeinen Hintergedanken! Wie können sich die Strohfiguren, die mich daraufhin als "Verbrecher" in ihren glatten Paragrafen erwürgen wollen, wie dürfen sich diese fühllosen Fratzen "Richter" nennen, sich als Wahrer der Gerechtigkeit aufspielen?! Ihr, ich – wir, die wir jetzt, aber nicht lange mehr, mit Leib und Leben diesen Henkern ausgeliefert sind -, sollen wir uns vor den lächerlichen Urteilssprüchen verzweifelt beugen? <u>Nie</u>! Es wäre eine Entwürdigung unserer Lebensauffassung, unseres heiligen Glaubens! <u>Darum</u>: Zergrübelt nicht eure Hirne, zerfleischt nicht eure Herzen wegen dieser ungeheuerlichen Bluturteile! Mögen sie euer Liebstes mit ihren Lügen bespeien, mögen sie mit ihren frechen Fäusten euer Nächstes erschlagen – sie können uns doch nicht treffen, sie sollen, sie werden die sieghafte Überzeugung doch nie zertreten, und fordert ihr feiges, aus der Angst aufschäumendes Wüten im Augenblick noch so schmerzliche Opfer! Hoch das Antlitz, frei, froh erheben im unabänderlichen Bewußtsein, daß wir den brutalen Machthabern in der Weite, der Ewigkeit des Seins <u>immer</u> überlegen sind!

Ihr wißt auch, wofür ich kämpfte, kämpfen mußte: nie für mein kleines egoistisches Wohl, für irgendeinen engen Ehrgeiz. Alles setzte ich ein für das, was mir nach ehrlichem Überlegen als alles galt. Ich schlich nicht die verschwiegenen, sich so angenehm schlängelnden

1. Blatt/Format: 12,7 x 12 cm; Transparentpapier, beidseitig beschrieben: Bleistift; Tintenstift, Druckbuchstaben; entstanden: Dezember 1942 in *Graz* (Landesgericht)

Wege, ich buhlte nicht um den blinden, persönlichen Erfolg, der jede Verpflichtung gegenüber der menschlichen Gesellschaft großzügig zurückstellt! Ihr wollte ich dienen, ihrer Höherentwicklung nützen mit meiner ganzen Kraft. Mögen meine Schritte manchmal gezögert haben, mag ich manchmal forschend zur Seite geschaut haben – die Marschrichtung war mir stets klar, bestimmt. Und muß ich fallen, noch so weit vom Ziel, von der Tücke in ein elendes Dunkel gestoßen – hell leuchtend erfüllt mein Inneres die Tatsache, das Gute und Notwendige gewollt zu haben. Wenn ich auch sterben muß am Aufgang meines Lebens, dessen Schwelle ich kaum überschritten habe – weil ich für das Leben im edelsten Sinn, den ich erfassen konnte, verbluten muß, werde ich doch weiter sein, unsterblich nicht in beschränkt religiöser Darstellung, unsterblich als pulsender Schlag im blutvollen Strom der Welt!

Klagt nie: ich hätte zu wenig an euch gedacht, als ich mich in die Kampfreihe stellte, dem Sturmtrupp anschloß, der auf die Gefahr des Todes hin antrat. Eben weil ich so an euch dachte, mußte ich Kämpfer werden! Ohne Entschlossenheit bis zum Letzten läßt sich das Letzte nie erreichen.

Sagt nie: ich hätte in jugendlichem Ungestüm das Einmalige, mein Leben, vergeudet. Oh, wie viele Pläne wollte ich verwirklichen, wie viele Hoffnungen winkten mir. Aber – muß auch dies alles enden mit mir, ich konnte, ich durfte nicht anders! Jede Minute Leben liebe ich, jeden Laut, jeden Hauch, jede Welle, jedes Blatt! Jede Stunde wollte ich auskosten mit kindlicher Bescheidung! Doch eben darum mußte ich von dem allen absehen können, meine Kleinheit der Größe unterordnen, bedingungslos, um Größe ahnen zu können!

Rückseite zu S. 91

Sie haben es mir nicht leicht gemacht, die Feinde, die Henker und Henkershelfer. Sie fesselten mich allein in der Todeszelle, sie ließen mich Tausende Minuten in das graue Antlitz des Todes schauen, sie isolierten mich, sie ließen mich fast verhungern, sie höhnten, lockten und brüllten... Sie verstehen ihren Büttelberuf. Doch wie schwer es drückte, lastete, beklemmte – es war nicht schwerer als für die vielen Genossen, es war leichter als für Hunderte. Ihr könnt euch die täglichen, stündlichen Quälereien unmöglich vorstellen – ihr müßtet sie verspürt haben; Worte bleiben immer zu leer. Aber wozu das sagen? Und müßte ich zehnmal mehr erdulden: das hätte mein Wollen nicht hemmen dürfen, das würde meine Haltung nicht zerbrechen! Unsinnig, von befleckten Henkern reines Verständnis zu erwarten. Sie haben nun schon manchen Genossen, dessen Händedruck ich noch spüre, zu ihrem blutigen Block geschleppt. Sie werden aus "Edelmut" auch bei mir keine Sekunde zaudern, das ist mir klar, das sollt ihr genauso erkennen. Wer will von seinen Todfeinden seine Rettung verlangen? Mich kann nur noch ein unvorhergesehenes Wunder den Henkersknechten entreißen! – Warum ich dennoch ein Gnadengesuch unterschrieb, diesen "Richtern" gegenüber? Wahrhaftig nicht, um mich in sonnigen Gespinsten vor feiger Todesfurcht einzudrehen! Einzig weil ich um jede Spanne Leben mit jedem Mittel ringen werde, solange nur eine Fiber meines Körpers und meiner Seele zuckt, mit jedem Mittel, wie auch die Blutschergen mit jedem Mittel unterdrücken! Aber ich bin frei von Wunschträumen, ich brauche sie weder aus Schwäche noch als Trost! Trost – welcher Begriff! Stark und klar bis zum letzten Blick auf der Henkerstätte werde ich sein, darüber habt nie Zweifel!

2. Blatt/Format: 12 x 10 cm; Transparentpapier, einseitig beschrieben: Tintenstift, Druckbuchstaben; entstanden: Dezember 1942 in *Graz* (Landesgericht)

Und ihr, die ihr vielleicht eines Trostes bedürft, schöpft ihn aus diesen Sätzen, die sehr leicht meine letzten offenen sein können; doch keinen schwächlichen, keinen jammernden. Denn hier ist es nicht Zeitungsfrase: Ich sterbe in engster Verbundenheit mit euch, das große Werk, woran ich glaubte, unseres, <u>eueres</u> – es muß euch das schwerste Opfer ertragbar machen!

Seien euch, seien allen, die an meinem Schicksal als einem unter vielen in einer gewaltigen Zeitenwende jemals Anteil nehmen, meine Gedichte ein weiteres Bekenntnis, besonders meine Zellengedichte. Sie müssen künstlerisch sehr unvollkommen bleiben – doch sie entbrannten aus den Augenblicken der Zellenenge und wollen dem, der sie mit innerer Bereitschaft liest, dies vermitteln; den lohenden Glauben, die unvollkommene Berührung mit einer entblößten Seele. Mag daraus jeder mein Pulsen fühlen, auch dann, wenn ich schon lange Asche sein soll. Ich will aus den Gedichten weiterreden zu jedem, den es zu hören verlangt, nicht als Prediger oder weiser Verkünder, nur als einer von den Tausenden, die gleich erlebten, ihr Hall und Widerhall. Darum erwähne ich meine Gedichte überhaupt. Rund 30 dürften durch meinen Freund Te gerettet sein, ungefähr gleich viel befinden sich unter vielen anderen in B., die polit. klareren in einem Buch verkehrt stenografiert, einige kreisen namenlos und dienen so dem schönsten Zweck, dem sie dienen können.

Ihr, die ich <u>meine Lieben</u> nenne, seid euch auch der Verpflichtung bewußt, die darin liegt. Nehmt jedes Wort als das, was es sein soll: keine billige Faselei, kein zitterndes Anklammern! – ein Bekenntnis, das nur <u>der</u> voll verstehen kann, der mir verbunden war. Vielleicht gelangt nur ein winziger Bruchteil meiner nieder-

3./ unserer Bereitschaft liegt, dies vermitteln,
den lohenden Glauben, die unvollkommene Berührung
mit einer entblößten Seele. Mag daraus jeder mein Fühlen
fühlen auch dann, wenn ich schon lange tot sein soll. Ich
will aus den Gedichten weiterreden zu jedem, den es zu hören
verlangt, nicht als Prediger oder weiser Verkünder, nur als einer
von den tausenden, die gleich erlebten, ihr Hall und Wider-
hall. Darum erwähne ich meine Gedichte überhaupt.
Rund 30 dürften durch meinen Freund T. gerettet sein, un-
gefähr gleich viel befinden sich unter vielen anderen in Bay
die polit. Klappen in einem Buch verkehrt stenografiert —
einige kreisen namenlos und dienen so dem schönsten
Zweck, dem sie dienen können.
Ihr, die ich meine Lieben nenne, seid euch auch der
Verpflichtung bewußt, die darin liegt. Nehmt jedes Wort
als das, was es sein soll: keine billige Faselei, kein zitterndes
Anklammern! — ein Bekenntnis, das nur der voll verstehen
kann, der mir verbunden war. Vielleicht gelangt nur ein
winziger Bruchteil meiner niedergeschriebenen Gedanken,
der wieder nur ein Bruchteil der in mir lohenden ist, an
euch; da ist mein Bemühen zu beschränkt, um das absolu-
te zu können. Vielleicht kann ich doch noch einmal selbst zu
euch sprechen unbegafft von Büttelaugen. Wie es sei —
beweist, daß ihr meine Lieben seid, wie ihr es bisher so
schön gezeigt habt! Kann ich den Henkern nicht entrinnen
nehmt diese Zeilen hin als sachliches Testament und jede
Träne soll zurückgedrängt werden durch meine Entschlossen-
heit, durch meine Bereitschaft, die ihr daraus verspüren müßt.
Wie jung ich bin — innerlich könnte ich in diesem begrenzten
Leben kaum mehr erreichen. Sucht, was mir das Leben gab, ist dem

3. Blatt/Format: 12 x 10 cm; Transparentpapier, beidseitig beschrieben: Tintenstift, Druckbuchstaben; entstanden: Dezember 1942 in *Graz* (Landesgericht)

geschriebenen Gedanken, der wieder nur ein Bruchteil der in mir lohenden ist, an euch; da ist mein Bemühen zu beschränkt, um das abschätzen zu können. Vielleicht kann ich doch noch einmal selbst zu euch sprechen, unbegafft von Büttelaugen. Wie es sei – beweist, daß ihr meine Lieben seid, wie ihr es bisher so schön gezeigt habt! Kann ich den Henkern nicht entrinnen, nehmt diese Zeilen hin als sachliches Testament, und jede Träne soll zurückgedrängt werden durch meine Entschlossenheit, durch meine Bereitschaft, die ihr daraus verspüren müßt! Wie jung ich bin – innerlich könnte ich in diesem begrenzten Leben kaum mehr erreichen! Seht, was mir dies Leben gab, ist dem jähsten, tückischsten Tod überlegen!
Im Dez.42.

Te: 'Teddy', Alois Geschwinder, seit 1936 im Umkreis R.Zachs, später enger Freund und im Kern der Gruppe, war vom 17.12.1941 bis 14.1.1942 Zelle an Zelle mit R.Zach im Grazer Polizeigefängnis; *B.:* Berlin, R.Zach war zwischen April und November in Berlin-Moabit inhaftiert; *in einem Buch:* Titel "Das Neue Deutschland im Gedicht", vgl. S. 53

Rückseite zu S. 97

Zählt mich immer ...

Einzelzelle in Wien

Zählt mich immer zu den Enterbten,
zu den frechen Gesetzesverächtern,
weil ich es wagte, zu fluchen den Knechtern.
Bessere finden sich bei den Verderbten
als unter eurem geheiligten Kreis
privilegierter Titelbesitzer!
Hinter der Würde, dem Stolz, dem Geglitzer
steckt doch die Angst nur, um jeglichen Preis
das gestohlene Gut zu erhalten,
die ermeuchelte Macht zu festen.
Lüge sind die großartigen Gesten.
Die gepflegten Finger umkrallten
einzig den Raub. Ihr seid ärger befleckt
als die Verbrecher, die vielfach verfluchten.
Zählt mich ruhig zu den Verruchten.
Maß bleibt für mich doch, was in mir sich reckt.

(Geschrieben auf dem Transport nach B.
Einem lieben Kameraden von unterwegs gegeben.
Alles andere wird er euch berichten. Kopf hoch für
unser großes Ziel, u. ginge es zur Hinrichtung, vor
Breslau, Jänner 43.)

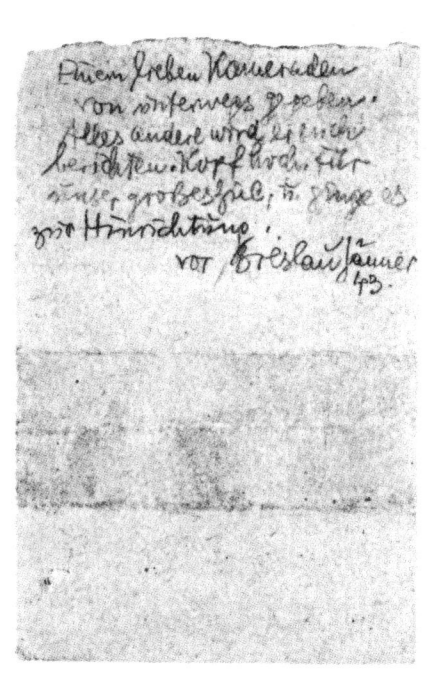

Format: 10,5 x 7 cm; gelbes Kanzleipapier, beidseitig beschrieben: Tintenstift, Latein; entstanden: Jänner 1943 (*vor Breslau:* auf dem Transport nach *Berlin* zur Hinrichtung)

NACHWORT

I.

> *Ganze Literaturen*
> *In erlesenen Ausdrücken verfaßt*
> *Werden durchsucht werden nach Anzeichen*
> *Daß da auch Aufrührer gelebt haben, wo Unterdrückung war.*
> (Aus: Bertolt Brecht,
> Die Literatur wird durchforscht werden.)

Es mögen lange Stunden gewesen sein an jenem 27. Jänner 1943, einem Mittwoch, in denen sich der aus Graz stammende Richard Zach, weitab von seiner Heimat, im Zuchthaus Berlin-Brandenburg innerlich auf seine Hinrichtung vorbereitete. *Grüße mir die Welt, grüße mir die Gefährten, die Sonne und den Grashalm und das All!* schreibt der zum Tode Verurteilte noch wenige Stunden vor der Vollstreckung des Urteils an seine Freundin Herma und beschließt den letzten Brief mit den optimistischen Worten: *Es dämmert – doch die Sonne geht wieder auf.* Der Gefängnispfarrer, dem Richard Zach zwar nicht das Gespräch, aber jedwede kurzfristige konfessionelle Bindung verweigert, berichtete, daß der Todeskandidat die letzte halbe Stunde bis zur Hinrichtung allein verbrachte, und: *Den letzten Gang trat er ernst, aber ruhig und gefaßt an. Vor dem Tode fürchtete er sich nicht (...).*

Noch nicht einmal 24 Jahre alt, hatte der junge Lehrer und Dichter zu diesem Zeitpunkt gerade fünfzehn Monate nationalsozialistischen Kerker hinter sich, eine Zeitspanne, in der er nicht nur persönlich reifer geworden war, sondern auch literarisch um ein

Vielfaches mehr zu Papier gebracht hatte als in den Jahren vorher. – Anfang September 1942 schreibt er: *Gerade diese Haftzeit mit ihren Entbehrungen ließ ein immer deutlicheres Gerippe meiner zukünftigen Arbeit vor mir entstehen. Ich wollte mich schulen, jede Stunde nützen, nachkommen dem Verlangen, das sich nie mehr in mir ballte als jetzt. O wenn ich mich noch einmal dem Leben hingeben könnte, bewußter, härter geworden! Wenn... (...) Nur jetzt nicht aufhören müssen mit all dem Schaffensfieber, nur jetzt nicht!*

Und vor dem Hintergrund des wenige Wochen zuvor über ihn verhängten Todesurteils quält sich Richard Zach, ebenfalls Anfang September 1942, in verschiedenen Notizen noch mit Überlegungen zur Qualität seiner literarischen Aufzeichnungen. Fragen, wie: *Bin ich überhaupt Lyriker?*, und trotzende Hilferufe, wie: *(...) ich will, ich muß dichten*, bilden im Schatten von Einsamkeit, eingeschränkter Bewegungsfreiheit, Hunger, Gefängnisarbeit, Verhören und Mißhandlungen jene immer wiederkehrenden Reibeflächen, zwischen denen der Eingekerkerte sich seine Gedichte in der Einzelzelle förmlich abringt. Dabei scheint der Freiheitsentzug – das Gefühl des Abgeschnitten- und Ausgestoßenseins der Haft – einen enormen Druckvorgang, freilich immer wieder unterbrochen durch Niedergeschlagenheit und Resignation, zu bewirken, der das Schreiben, jenes letzte Mittel, sich bleibend mitzuteilen, sogar begünstigt: *(...) ich muß gehört werden, tot oder lebend, es ist Notwendigkeit für mehr, was ich sagen will – und wenn ich die Sätze dann vor mir hinspreche, bilde ich mir ein, nun schon den vielen zu geben. Nicht aufzudrängen. Dann wieder, kaum zu Papier gebracht, lese ich lustlos, flüchtig, finde nichts mehr dran, bin enttäuscht, denke an mein unbarmherziges Schicksal... Wozu dieser Drang zu schreiben? – Und gleich danach schreibe ich doch wieder: Natürlich bewegt mich tiefes Hoffen. Aber – ach, hin und her... Das Schreiben bleibt doch innerliches Gebot, oft beinahe Druck. Und warum sollte ich nicht ihm nachkommen, wäre es auch nur Augenblicksarbeit, sterbend mit mir, der so gern lebte.*

Zwischen 31. Oktober 1941 und 27. Jänner 1943 entstehen so nahezu 800 Gedichte (neben etwa 100 Seiten Briefen und Notizen), im Vergleich dazu rund 120 Gedichte vor der Haftzeit. Dabei bedient sich Richard Zach aller nur irgendwie realisierbaren Möglichkeiten, seine Gedanken zu Papier und, vor allem, in die Freiheit zu bringen. Den etwa 600 Gedichten, die der Dreiundzwanzigjährige mit Schreiberlaubnis während seiner Haftzeit in Berlin-Moabit, also zwischen April und November 1942, wie in einem Schaffensfieber niederschreibt, stehen jene lyrischen *Skizzen* und *Versuche* gegenüber, die Richard Zach, ob zwischen November 1941 und April 1942 sowie zwischen Dezember 1942 und Mitte Jänner 1943 in Graz oder in Berlin, in den Fängen der Gestapo, nur verstohlen festhalten und weitergeben kann: die Kassiber. Insgesamt konnten 80 dieser heimlich weitergegebenen Mitteilungen – und vor allem von diesen soll im folgenden die Rede sein – mit fast 200 Gedichten, neben Briefen und Notizen, gerettet werden.

Die Textzeugen beider Bereiche, die "erlaubten" und "unerlaubten" Schriftstücke, allerdings bedingen einander und beziehen sich aufeinander. In ihrer Gesamtheit geben sie einerseits ein Abbild jenes Gedanken- und Stimmungsgefüges, in dem sich der von den NS-Schergen für den Tod Bestimmte bewegt haben mag, im einzelnen legen andererseits die in ihnen enthaltenen Notizen Zeugnis für die Absicht des Menschen Richard Zach in seiner ausweglosen Situation ab: die Sicherung des von ihm Geschriebenen, im Sinne seines letzten Kassiber-Briefes vom Dezember 1942 (vgl. S. 96): *Seien euch, seien allen, die an meinem Schicksal als einem unter vielen in einer gewaltigen Zeitenwende jemals Anteil nehmen, meine Gedichte ein weiteres Bekenntnis, besonders meine Zellengedichte. Sie müssen künstlerisch sehr unvollkommen bleiben – doch sie entbrannten aus den Augenblicken der Zellenenge und wollen dem, der sie mit innerer Bereitschaft liest, dies vermitteln: den lohenden Glauben, die unvollkommene Berührung mit einer entblößten Seele. Mag daraus jeder mein Pulsen fühlen, auch dann, wenn ich schon lange Asche sein soll.*

II.

Ihre Beschreibungen der Mißstände und ihre Aufrufe
Werden noch den Daumenabdruck
Der Niedrigen tragen. Denn diesen
Wurden sie übermittelt, diese
trugen sie weiter unter dem verschwitzten Hemd
Durch die Kordone der Polizisten
Zu ihresgleichen.

(Aus: Bertolt Brecht,
Die Literatur wird durchforscht werden.)

Erst zwei Wochen in Haft, macht Richard Zach, im ersten erhaltenen offiziellen Brief aus dem Grazer Polizeigefängnis vom 13. November 1941, seine Eltern und seine Freundin Herma darauf aufmerksam, die ihnen mit der Schmutzwäsche mitgegebene "Klothose" *nicht zu waschen,* er *habe sie nicht verwendet, weil der Gummi gerissen* sei. *Auch diesmal riß er ab,* heißt es weiter. Immer wieder verweist er auf die Schmutzwäsche, besonders auf die Bünde verschiedener Kleidungsstücke, so auch am 14. April 1942 in seinem ersten offiziellen Brief aus Berlin-Moabit: *Mein Trainingsanzug wäre zu waschen, zu nähen und mit neuem Gummi zu versehen.* Tatsächlich befinden sich in der Schmutzwäsche Richard Zachs in der Regel kleine und kleinste, meist eng beschriebene und oft winzig zusammengefaltete Zettel mit Nachrichten oder lyrischen Versuchen. Nicht wenige dieser Kassiber gelangen, wie heute bestätigt wird, auf diese Weise ins Freie; zwei der überlieferten ist allerdings anzumerken, daß sie mit der Wäsche mitgewaschen wurden; sie sind nahezu unlesbar.

Schon im ersten offiziellen Brief aus Graz drängt Richard Zach auch auf den sorgfältigen Umgang mit seinen noch vor der Haft entstandenen lyrischen Aufzeichnungen: *Herma, bring alle meine Gedichte in Ordnung und behalte sie gut, bis ich wiederkomme.* Und einen Monat später heißt es: *Schreib meine Gedichte mit Maschine ab, vielleicht kriegst Du nächstes Mal auch die, die hier sind.* Ein *nächstes Mal* gab es nicht. Wenige Tage nach Abfassung dieses Briefes wird die damals siebzehnjährige Hermine Kohlhauser zusammen mit einem engen Freund und Mitstreiter des Inhaftierten, Alois Geschwinder, verhaftet. Der Kreis, der zur Rettung der Gedichte in Frage kommt, wird ständig kleiner, verengt sich zusehends auf Richard Zachs Vater und Stiefmutter, konzentriert sich immer mehr auf seinen Bruder Alfred, dem er in einem wahrscheinlich im Dezember 1942 entstandenen Kassiber mitteilt: (...) *zu meinen Gedichten: Jedes einzelne will einem Zweck dienen, u. kann es das jetzt schon, um so besser. Aber am besten werden sie erst dann wirken können, wenn sie laut gesprochen werden dürfen. Dann ist ihre Zeit da! Und bis dorthin darf keines der Gestapo in die Hände fallen. Keines, Fredl. Lieber jetzt ganz ruhen lassen, an einer sicheren Stelle. Und kreisen welche, so müssen sie es namen- u. herkunftslos. Der Name zählt nicht. Daß sie Gedankengut von vielen wären, ist mein tiefer Traum.*

Nach der Festnahme von Hermine Kohlhauser und Alois Geschwinder ist Alfred Zach, der Bruder, in der Regel der Empfänger der Kassiber. Viele von diesen werden mit der Schmutzwäsche oder mittels Handschlag von Vertrauenspersonen aus dem Gefängnis geschmuggelt und auch reingeschrieben; andere werden während der Transporte zwischen Graz und Berlin Mitgefangenen übergeben, die diese absenderlos an die Zachsche Adresse in Graz weiterleiten. Das Material, das auf diese und andere Weise zu Alfred Zach gelangt, wird von diesem – wie er erzählt – *noch während der Dienstzeit in Maxglan bei der Hundeersatzstaffel übersetzt, von seinen handschriftlichen Aufzeichnungen auf Maschine geschrieben, abends in der Schreibstube und auf diese Art ein zweites Mal sichergestellt.*

Dem am 17. Dezember 1941 ebenfalls inhaftierten Alois Geschwinder wird, wie dieser heute meint, *aus irgendeinem Grund*, die Zelle neben Richard Zach zugewiesen, was für beide die Möglichkeit eingeschränkter Kommunikation bedeutet. Bis etwa Mitte Jänner 1942 können sich die beiden Freunde manchmal an den Zellenfenstern des Grazer Polizeigefängnisses unterhalten. Verschiedene Gedichte Richard Zachs werden in dieser Zeit aus Sicherheitsgründen in die Nachbarzelle zu Alois Geschwinder gemorst (vgl. den Kassiber auf S. 80 f.). Dieser schreibt sie nieder und bringt sie ebenfalls mit der Schmutzwäsche oder mittels Handschlag über sogenannte Losgeher nach draußen. Alois Geschwinder erinnert sich an etwa ein Dutzend solcher Gedichte, Richard Zach selbst nimmt in einer Kassibernotiz vom Dezember 1942 (vgl. S. 96) eine Zahl von 30 Gedichten an, die er, wie er schreibt, durch seinen *Freund Te* – der Kosename für Alois Geschwinder ist "Teddy" – als gerettet vermutet. Immer wieder rekurriert Richard Zach in seinen Kassibern auf die verstohlen festgehaltenen Zellengedichte und schreibt viele zum Zwecke der Sicherung ein zweites Mal (vgl. den Kassiber auf S. 77/79): *Noch einige von den Gedichten, die ich schon Te weitergab, ohne zu wissen, ob sie alle hinausgelangten*, heißt es da auf dem ersten von vier durchnumerierten, allerdings nicht datierten Kassibern aus Seidenpapier, auf denen sich insgesamt 16 Gedichte befinden. Auf einem weiteren undatierten Kassiber mit 9 Gedichten ist zu lesen: *Wieder einige alte Gedichte zur Kontrolle, ob ihr sie schon habt.* Vor allem die aufmüpfigen, trotzigen Texte werden auf diese Art den Freunden anvertraut: ein *Gruß den unbekannten Genossen* etwa oder das *Rebellenlied* (vgl. S. 38 f.), Verse über *Unsere Stärke* oder *Vor der Hinrichtung* – Aufmunterungs- und Stärkungsversuche für sich selbst wie für andere.

In der kleinen Mappe im Format A5, die Richard Zach aufgrund der Schreiberlaubnis in Berlin-Moabit ab Ende April 1942 anlegen kann, notiert er in seiner "Freizeit" auf überwiegend losen Doppelblättern täglich im Durchschnitt 2 "offizielle" Gedichte, d.h. wenn, dann mindestens ein Gedicht oder manchmal sogar zehn Gedichte. Am 19.11.1942 vermerkt er in einem offiziellen Brief dazu: (...) *ich führe ein kleines Arbeitsheft und benütze auch sonst jedes Papier, das ich bekommen kann, einen Teil der vielen Pläne, die mich bewegen, zu notieren* (...) Schon zwei Monate zuvor, am 25. September, kann Richard Zach, ebenfalls in einem offiziellen Brief aus Berlin, die Niederschrift von 150 Seiten solcherart entstandener Gedichte notieren. – *Ich beschäftige mich gerade da mit sehr viel Plänen und arbeitete, so lange ich konnte. Rund 130 Seiten hat Dr. Hahn (lose Blätter), und ich nehme an, daß er sie euch mit den anderen ausfolgen wird. Sonst verlangt es.* Über Dr. Hahn, den Rechtsanwalt von Richard Zach, gelangen nach der Hinrichtung, wie es im Begleitschreiben heißt, viele *noch in Akten befindliche Gedichte und sonstige Arbeiten* an den Bruder. Ungewiß ist, ob Dr. Hahn wußte, daß er mit dieser Sendung nicht nur "erlaubte" Gedichte den Erben weitergab. In Berlin nämlich notiert Richard Zach viele Gedichte auf kassiberähnlichen Zetteln, auf die Innenseite eines Buchumschlages aus Packpapier oder zwischen gedruckten Gedichten im Buch "Das Neue Deutschland im Gedicht", zum Teil verkehrt, d.h. wortweise von rechts nach links, stenografiert (vgl. S. 53). Auch an diese Gedichte erinnert er immer wieder und schreibt sie bei Gelegenheit neu: *Gedichte, die in B. stenografiert*, heißt es da auf einem von zwei zusammenhängenden, nicht datierten Kassibern mit insgesamt 8 Gedichten, oder: *Gedichte aus B. (in B. steno.)* auf einem weiteren Kassiber.

Besonders aufschlußreich in diesem Zusammenhang ist die Notiz auf einem Kassiber, die an zwei Gedichte angeschlossen ist: *Damit habe ich auch alle Stenogedichte aus B. in Reinschrift übertragen. Weitere befinden sich in B. in euren Briefen eingelegt, zum Teil beim Rechtsanwalt zwischen ganz "unpolitischen" eingeschoben. Den ersten Teil hat T. Bleibt Zeit und Möglichkeit, so werde ich auch davon noch die wichtigeren reinschreiben. Manche Gedichte erfüllen bereits ihren Zweck und kreisen unter Menschen, die sie wollen.*

Eine weitere undatierte Kassibernotiz rundet diese Art von Informationen ab: *Zum Zyklus "Zellengedichte/ Teil I bei Te (textliche u./ rhythmische Verbesserungen/ erwünscht)/ Teil II in B. in Briefen,/ Umschlägen, vor allem/ in "Lyrikbuch" steno/ (geklebte Seiten u. bes./ Packpapierumschlag)/ z.T. <u>verkehrt</u> stenograf./ Schaut, daß ihr alles/ bekommt für später!*

Auch in offiziellen Briefen aus Berlin macht Richard Zach auf jene "inoffiziellen" Gedichte aufmerksam: *Übrigens sind auch im Buch "Deutschland im Gedicht" (...) mehrere Gedichte sowie bei Teddy von mir.*

Hierzu gehören schließlich zwei weitere Kassiber, die eine Art Register darstellen: Auf dem einen befindet sich eine Aufstellung von 7 Gedichten, die der Verfasser als verloren glaubt, von denen allerdings mindestens 4 überliefert sind. Der andere enthält ein Verzeichnis von 58 zum Teil verkehrt stenografierten Titeln, die sich mit drei Ausnahmen auf Kassibergedichte beziehen und bis auf einen Titel im Nachlaß zu finden sind. Auf diese Zahl 58 weist auch eine Anmerkung in jenem Kassiber vom Dezember 1942 hin, den Richard Zach während seines letzten Graz-Aufenthalts, vermutlich im Dezember 1942, verfassen und weitergeben konnte; sie beginnt mit der bereits erwähnten Notiz (vgl. S. 96): *Rund 30 dürften durch meinen Freund Te gerettet sein, ungefähr gleich viel befinden sich unter vielen anderen in B., die politisch klareren in einem Buch verkehrt stenografiert, einige kreisen namenlos und dienen so dem schönsten Zweck, dem sie dienen können.* Alles in allem also wieder rund 60 Gedichte, die sich nicht nur zahlenmäßig mit jenen 58 in dem angesprochenen Verzeichnis decken.

Ergänzend zu den Hinweisen auf den verschiedenen Kassibern sind die entsprechenden, in Zachs "Berliner Arbeitsheft" verstreuten Vermerke zu sehen. Schon kurz nach seiner Überstellung nach Berlin-Moabit, Ende April 1942, notiert er: *Bei meinen Briefen, die ich bei der Gestapo erhielt, befinden sich 6 Blätter stenografierter Gedichte.* In seinem Nachlaß befinden sich tatsächlich 6 Blätter (vgl. S. 11 u. S. 91) mit stenografierten Gedichten und einigen Prosanotizen. Daneben enthält das "Berliner Arbeitsheft" insgesamt 19 weitere – zwischen April und August 1942 entstandene – Hinweise. Hierbei handelt es sich alternierend um Gedichtanfänge bzw. kurze Titelverzeichnisse, die zum einen im Sinne von Vorarbeiten direkt mit der Entstehung einzelner Kassibergedichte zusammenhängen, zum andern aber einfach der Erinnerung gedient haben könnten.

Heute scheint vor allem die wechselseitige Bezugnahme aller dieser Notizen, ob auf den Kassibern oder in den offiziellen Niederschriften, zueinander bzw. zu den Gedichten relevant. Dieses System, diese Methode der "Erinnerungsarbeit", mit der der Schreiber im Sinne seiner Hoffnung: *Dann ist ihre Zeit da!*, der für ihn ausweglosen Situation trotzend, selbst zur Überlieferung seiner Texte beitrug, bietet der nachträglichen Systematisierungsarbeit, insbesondere der Rekonstruktion des Entstehungszusammenhangs der meist undatierten Kassiber, eine unentbehrliche Basis.

III.

> *Ja, es wird eine Zeit geben, wo*
> *Diese Klugen und Freundlichen*
> *Zornigen und Hoffnungsvollen*
> *Die auf dem nackten Boden saßen, zu schreiben*
> *Die umringt waren von Niedrigen und Kämpfern*
> *Öffentlich gepriesen werden.*
>
> (Aus: Bertolt Brecht,
> Die Literatur wird durchforscht werden.)

Aus dem reichhaltig überlieferten Fundus wurden für diese Auswahl nur Texte herangezogen, die während der Haftzeit Richard Zachs, also zwischen 31. Oktober 1941 und 27. Jänner 1943, entstanden, und hier wiederum wurde aus jenen ausgewählt, die sich der Dichter unter schwierigsten Bedingungen abringen mußte: die Kassiber. Dabei wurde in diesem Nachwort auf jeglichen inhaltlichen Aspekt in der Betrachtung der Texte verzichtet; dies soll der Leserin oder dem Leser überlassen bleiben. Dagegen wurde versucht, einen Eindruck von den vielfältigen Bemühungen zu vermitteln, wie ein in der Todeszelle noch von dichterischen Plänen Beflügelter unter unglaublichen Voraussetzungen an die Realisierung seiner Vorstellungen, besonders im Zusammenhang mit der Rettung des bereits Realisierten für die Nachwelt, heranging.

Um aber des moralischen und ästhetischen Stellenwertes solcherart entstandener Texte gewahr zu werden, müssen in der Rezeption die Bedingungen ihrer Entstehung mitreflektiert werden. Ob es sich um Kampfaufrufe, Trotzlieder, Liebesverse oder Naturgedichte handelt, bei den literarischen Zeugnissen aus der Gestapohaft, besonders aus den Todeszellen, ist wie bei literarischen Produkten aus den nationalsozialistischen Konzentrationslagern und Ghettos vor allen Methodenfragen die Frage nach dem Menschen zu stellen, nach Verhältnissen, in denen Schreiben eher die Ausnahme als die Regel sein mußte.

Die Frage nach dem Menschen schließt die Frage nach dem Leben mit ein; und wie eine Reihe von Überlebenden berichten, war in Gestapohaft, vor allem in der Einzelzelle, auf die Dauer das Gefühl der Leblosigkeit ganz real. Vielen Gedichten ist zu entnehmen, daß sich die Inhaftierten, die zum Tode Verurteilten, geistig und psychisch mit den Ermordeten, den Hingerichteten vermischen, sich diesen näher fühlen als jenen *da draußen*, jenen in Freiheit.

Die Häftlinge in den NS-Vollzugsanstalten waren ihren Wärtern, der Gestapo und der Justiz vollkommen ausgeliefert. Neben einem starren Tagesablauf herrschte Willkür in der Behandlung der Gefangenen. Besonders hart war der Arrest in der Einzelzelle. Die meisten Gefangenen mußten bei unzureichender Ernährung, Hygiene und ärztlicher Betreuung schwer arbeiten.

Richard Zach deutet in Briefen und literarischen Texten manchmal vorsichtig an, wie sich sein Zellenalltag gestaltete: Tüten kleben, Zahnpulver in Tüten schütten, Uniformen auftrennen, Schreibarbeiten durchführen usw. Mehrmals erbittet er in Briefen Kopfwehpulver oder, zur Stärkung, Traubenzucker und beklagt zunehmend seinen körperlichen Zustand: *Ich komme physisch immer mehr auf einen Tiefpunkt. Das Gemeine dabei ist das gleichzeitige Abnehmen der geistigen Spannkraft. Seelisches und körperliches Gerippe – ekelhafter*

Begriff. Nicht nur die Hände zitteriger, die Muskeln schlaffer – auch das Hirn. Geistig immer weniger aufnahmsfähig werden (...) Schlaff, müde, fast täglich, stündlich bin ich es. Und leiste doch nichts. Oder bin ich deshalb so matt, weil ich nichts leiste? (3.9.1942) Und seine in einem Kassiber festgehaltene Äußerung: *In Berlin ist es ja – abgesehen von allem anderen – ein langsames Verhungern!* (Dezember 1942) entspricht seiner körperlichen Realität: Im Laufe der Berliner Haftmonate verliert Richard Zach nahezu 20 kg Körpergewicht.

Hinzu kommen die räumlichen Verhältnisse, in denen der Eingekerkerte, *eingeschachtelt zwischen Mauern die Stunden durchhunger(t)*, um Wert und Sinn seiner literarischen Produkte ringt: *(...) kaum zu Papier gebracht, lese ich lustlos, flüchtig, finde nichts mehr dran, bin enttäuscht, denke an mein unbarmherziges Schicksal... (...)* (23.9.1942) *Ich werde, eingeschraubt zwischen Wänden und Todesgewißheit, nichts mehr vollenden können von dem Geplanten (...)* (1.9.1942)

Das schwache Licht in der Zelle sollte den Gefangenen in einen Dämmerzustand versetzen, in dem er nicht mehr klar zwischen Wahn und Realität zu unterscheiden vermochte: *In den Nächten, zerrissen von unruhigen Träumen, durchgaukelt von bunten Bildern, farbenprächtigen, erfüllt von sehnsüchtigen Mählern, die der immer leere Magen gebiert – in diesen langen und doch kurzen seltsamen Nächten flirren ständig Reimfetzen durch mein Hirn, bleiben flüchtig auf der Zunge haften, im Ohr klingend, zerflattern wieder. Ich dichte träumend oft in fiebriger Hast, dann wieder in lächelnder Aufgelöstheit, in zeitloser Ruhe...* (2.9.1942)

Der *lampengelben Nacht*, dem *fahle(n) Flimmern*, folgt der graue, leblose Zellentag: *Düster jede Stunde, kein freundlicher Schimmer durch die dicken Scheiben, kein belebender Fleck Helle auf den fahlen Wänden, die Luft fast wie ein zäher Dunst vor den Augen, um die Stirn, hinter der Stirn... Ein scheußlicher Zustand geiler Leere. (...) nicht fähig sein zu lesen, wirklich zu lesen; Buchstaben verschwimmen, Sätze verlieren sich ohne Sinn. Das Hirn ein Sieb, leer, gähnend leer... Grauenhaft. (...)* – mit dem eingeschränkten Ausblick durch das Zellenfenster: *Der Ausschnitt mit der Steinrunde, den nun vollkommen entblätterten Kastanienbaum, alles durch das zweite engmaschige Gitter verwischt – aus.* (2.11.1942)

Besonders gefürchtet waren in den Gestapo-Gefängnissen die Verhöre, die meist unter schwerer Folter stattfanden. Alfred Zach berichtet von einer Gegenüberstellung mit seinem Bruder bei der Grazer Gestapo: *Stelzl und Komplizen hatten meinen Bruder durch Mißhandlungen derart zugerichtet, sein Gesicht war zerschlagen, verkrustet von alten Wunden, körperlich völlig heruntergekommen. Er erhielt vier Wochen Dunkelhaft, wurde täglich geprügelt und hat in meiner Anwesenheit durch Stelzl Faustschläge ins Gesicht erhalten.*

Die Reihe physischer und psychischer Drangsal seitens der nationalsozialistischen Machthaber und ihrer Schergen könnte, wie in anderen Darstellungen, freilich auch hier fortgesetzt werden. Im Zusammenhang mit den literarischen Zeugnissen, die trotz und wegen solcher Verhältnisse hervorgebracht wurden, ist dieser Hintergrund von ganz wesentlicher Bedeutung: In den überlieferten Texten wird *eine innere Ordnung offenbar, die dem Nichts ein Etwas entgegenstellte, dem Wesenlosen (...) ein Gesetz verlieh, ob man ein Gedicht verfaßte, dessen Worte die Sprache der Mörder war, das aber streng metrischen Gesetzen gehorchte, oder, wenn nicht anders möglich, mit dem eigenen Blut auf irgendwelche Fetzen Papier Zeichnungen und Zeichen für 'die draußen' anfertigte. Im Teufelskreis muß man sich teuflischer Mittel bedienen, um ihn zu sprengen.* (...)

Und: *Das vollendete Gedicht mag intentionslos sein, mag als Ausdruck einer einmaligen, augenblicklichen Situation oder Vision für eine objektiv gültige Stimmung stehen, aber das Gedicht als Träger einer Mitteilung, einer Aussage, die, wird sie heute nicht gehört, morgen das Ende aller subjektiven w i e objektiven Stimmungen bedeuten kann, dieses Gedicht unterliegt anderen Kategorien der Beurteilung, verdient aber nicht minder gewürdigt zu werden.* (Vgl. Manfred Schlösser: An den Wind geschrieben. Lyrik der Freiheit 1933-1945, Darmstadt 1961, S.18f.)

ZEITTAFEL

1919 23.3.: Geburt in Graz; 2. Sohn von Wilhelmine und Rupert Zach, einer Faßbinderfamilie; Wohnung in Nebengebäuden eines Gasthauses mit angeschlossener Faßbinderei der Brauerei Puntigam in der Lazarettgasse (heute: Kärntner Straße)

1924 Übersiedlung in Zimmer-Küche-Wohnung in der Idlhofgasse

1925-1929 Volksschule

1929-1933 Hauptschule

1931 Übersiedlung in Kellerwohnung in die Zweigelgasse

1932 17.10.: Tod der Mutter; Bruder Alfred kommt zum Großvater, Richard Zach zur Tante; erste (erhaltene) lyrische Aufzeichnungen

1933-1938 Bundeslehrerbildungsanstalt (BLBA) Graz

1934 Richard Zach lernt den an der BLBA aktiven jungen Kommunisten Josef Martin Presterl kennen

1935 Richard Zach lernt über Presterl den ehemaligen sozialistischen Mittelschüler Adolf Strohmaier kennen: Anstoß zur Gründung einer Untergruppe des halblegalen christlich-sozialen "Jungfreiheitsbundes"

1936 *1.7.:* Festakademie des "Jungfreiheitsbundes"/Leitung: Richard Zach; *Sommer:* Radwanderfahrt mit Schulkollegen Richard Scherzer; *Dezember:* Umwandlung und Umbenennung der Jungfreiheitsbund-Untergruppe in "Studentenarbeitsbund"; antifaschistische Arbeit im Rahmen einer politisch-kulturellen Tätigkeit; neben vielen anderen stoßen der angehende Lehrer Alois Geschwinder und die HAK-Schülerin Elfriede Neuhold dazu, später bilden sie mit Richard Zach die Kerngruppe des Zachschen Widerstandsnetzes, das in der NS-Zeit bis zu 50 Mitstreiterinnen und Mitstreiter zählt; *13.12.:* "Wohltätigkeitsakademie" des Studentenarbeitsbundes

1937 *12.7.-14.8.:* Spielfahrt in die deutschsprachigen Dörfer der Bačka (Jugoslawien): Aufführung eines Jedermannspiels, des "Totentanzes" von Alois

	Johannes Lippl; *Herbst:* Konstituierung eines marxistischen Arbeitskreises
1938	*Frühjahr:* Radwanderfahrt mit Bruder Alfred, dessen Frau Grete und Richard Zachs Freundin Friedl über Salzburg nach München; Matura mit Auszeichnung; Erweiterung der Gruppe um die aus Graz-Gösting stammenden Alfred Steinbauer, Hans Deutschmann, Josef Red, Franz Erwin und Karl Hödl; *ab Juni:* Lehrer an einer Grazer Volksschule; *1.11.:* Beitritt zum NS-Lehrerbund ("legaler Unterschlupf"); *29.11.:* Einrückung zur Deutschen Wehrmacht
1939	*1.9.*(Kriegsbeginn): als Kanonier und Chauffeur nach Polen
1939/40	Erweiterung der Gruppe um die "Jungen" Heribert und Gerold Krainer, Kurt Strohmaier und Erich Neuhold sowie Fini Kienzler
1940	*Jänner:* im Urlaub, täuscht Skiunfall vor, es folgt ein einjähriger Spitalsaufenthalt; erste Kontakte mit Franz Muhri (späterer Verbindungsmann in die Schwanberger Gegend); Erweiterung der Gruppe um die Arbeiter Alois Kaindl, Adolf und Hugo Graubner, Friedrich Griessl und Josef Wodnar; Bekanntschaft mit Hermine Kohlhauser (Herma); *April:* Beitritt zur Hitler-Jugend ("legaler Unterschlupf"), wird wegen "schriftstellerischer Begabung" Pressereferent im HJ-"Bannstab" in Graz; *Oktober:* 1. anklagende Flugschrift "Die NSDAP"; *November 1940-Februar 1941:* 4 Folgen der Flugschrift "Der Rote Stoßtrupp"
1941	Ende des Spitalsaufenthalts und mit *21.1.* Entlassung aus der Wehrmacht wegen "Dienstuntauglichkeit"; *1.2.:* Lehrer an der Grazer Hirtenschule; *Frühjahr* 1941: Beginn einer Verhaftungswelle – Verhaftung am 1.2. Josef Neuhold, am 3.2. dessen Tochter Elfriede Neuhold; *Juni:* Streuzettel zum Überfall auf die Sowjetunion, Malaktionen mit Franz Muhri
1941-1943	Haft; *31.10.1941:* Verhaftung Richard Zachs, zuerst Polizeigefängnis, Strafvollzugsanstalt Karlau, beide Graz; *6.11.1941:* Entlassung aus Schuldienst; vor Weihnachten: wegen Schmuggelaktivitäten (Kassiber)

4 Wochen in Dunkelhaft im Gefängniskeller, Gegenüberstellung mit Freundin Herma (Hermine Kohlhauser); *17.12.1941:* Alois Geschwinder wird inhaftiert (Polizeigefängnis) und kommt in die benachbarte Zelle (bis 14.1.1942): Gedichte werden von Richard Zach durch die Wand gemorst und von Alois Geschwinder hinausgeschmuggelt

1942 *Anfang April:* Transport nach Berlin; Haft in Berlin-Moabit, Schreiberlaubnis: Arbeitsheft mit schließlich fast 600 "erlaubten" Gedichten; viele Kassiber-Texte werden aus der Erinnerung neu geschrieben, Steno-Gedichte werden reingeschrieben; *Anfang Mai:* zwei Gnadengesuche Rupert Zachs (Vater) an den "Führer"; *Ende Juli/Anfang August:* Besuch Alfred Zachs (Bruder) in Berlin; *Anfang August*: Verhandlung gegen Richard Zach (in der Urteilsschrift: der "geistige Urheber" der Widerstandsgruppen), Josef Red, Hugo Graubner, Alois Kaindl; *17.8.:* gemeinsam mit Josef Red zum Tode verurteilt (Kaindl zu 5 Jahren, Graubner zu 8; das Urteil Reds wird später auf "Frontbewährung" umgewandelt); *1.-9.9.:* briefähnliche Niederschrift zur Gliederung seines Nachlasses; *Anfang Dezember:* Transport nach Graz, Landesgericht; *12.12.:* verpflichtet zur Teilnahme an der Verhandlung gegen seinen Mitstreiter Friedrich Griessl (ein weiteres Todesurteil wird gefällt); *Dezember:* eigenes Gnadengesuch; weitere Kassiber werden geschmuggelt

1943 *15.1.:* Transport über Wien (ab Wien: 19.1.) und Breslau nach Berlin – Ankunft: *23.1.; 25.1.:* Übergabe der Urteilsbestätigung in Berlin-Brandenburg; *27.1.:* Hinrichtung in Berlin-Brandenburg; *3.2.:* Einäscherung des Leichnams (Verweigerung der Herausgabe der Urne); *24.2.:* Übersendung der beim Rechtsanwalt "noch in Akten befindlichen" Gedichte und Briefe an Alfred Zach

1947 *16.10.:* Überführung der Urne nach Graz; *17.11.:* Abschied am Grazer Zentralfriedhof

ZUM NACHLASS

Der aus literarischen und nicht-literarischen Teilen bestehende Nachlaß Richard Zachs umfaßt etwa 1800 beschriebene Seiten in unterschiedlichster Form (Tagebücher, Notizblöcke, Arbeitshefte, Einzelblätter usw.), davon je zur Hälfte lyrische bzw. prosaische Aufzeichnungen; ca. 1300 Seiten entstanden vor der Haftzeit des Dichters.

Insgesamt liegen rund 900 Gedichte mit 56 Zweitfassungen vor, davon entstanden etwa 120 vor der Haftzeit und nahezu 800 (!) während der Haft. Die wesentlichen epischen und prosaischen Niederschriften stammen aus der Zeit vor der Haft, darunter befindet sich u.a. ein über 350 Seiten langes Romanfragment oder ein fast 200 Seiten umfassendes Versepos.

Zum überwiegend handschriftlichen Nachlaß kommen die nach 1945 vom Bruder, von Freunden oder von Bekannten verfaßten ersten Transkriptionen Zachscher Gedichte hinzu. Diese waren bis Ende der siebziger Jahre der Ausgangspunkt für Publikationen von Texten Richard Zachs.

Die ersten Gedichte erscheinen bereits 1945 in der Anthologie eines ehemaligen Freundes und Mitstreiters Richard Zachs, in Josef Martin Presterls "Bekenntnis zu Österreich. Moderne Arbeiterlyrik", Graz 1945. Drei Jahre später gibt Felix Hubalek die erste Einzelpublikation Zachscher Texte – Richard Zach: Der Weg ins Licht, Wien (1948) heraus. In den folgenden Jahren werden einzelne Gedichte und auch Briefe Richard Zachs in verschiedene Anthologien aufgenommen, u.a. in den 4. Band des "Lesebuches der Weltliteratur",

(Wien) 1949 oder auch von der Internationalen Föderation der Widerstandskämpfer (FIR) in: Literatur und Widerstand. Anthologie europäischer Poesie und Prosa, (Frankfurt/M. 1969). 1978 erscheint in Wien die von Gerhard Jaschke und Hermann Schürrer herausgegebene, bis dahin größte Einzelpublikation Zachscher Texte: Niemals wieder! Zellengedichte. Wieder folgen Abdrucke in Anthologien, bis 1988 die erste historisch-kritische und bisher umfassendste Teilausgabe von Gedichten Richard Zachs verlegt wird – Richard Zach: "Streut die Asche in den Wind!" Ausgewählte Gedichte, hg.v. Christian Hawle, Stuttgart 1988 – und 1989 der erste Versuch einer Monografie – Christian Hawle: Richard Zach – "Gelebt habe ich doch!", Wien 1989.

Daneben gibt es seit 1945 freilich auch Abdrucke und Darstellungen in verschiedensten Zeitungen und Zeitschriften, in den vierziger und fünfziger Jahren sogar vom Bruder Alfred Zach initiierte Radiosendungen.

Der Nachlaß Richard Zachs konnte von 1989 bis 1992 im Rahmen eines vom Fonds zur Förderung der wissenschaftlichen Forschung gesponserten Forschungsprojekts aufgearbeitet, d.h. systematisiert, nach philologischen Kriterien transkribiert und gesichert werden und wird heute im Dokumentationsarchiv des österreichischen Widerstandes (Wien) verwahrt.

Für jederlei Art von Publikation sowie für die Erlaubnis zur Bearbeitung und für die Überlassung des Nachlasses gebührt in erster Linie dem Bruder, Alfred Zach, der Dank. Ohne seinen und den Einsatz von Freunden und Mitstreitern, stellvertretend für alle Nichtgenannten: von Alois und Elfriede Geschwinder (vormals Neuhold) sowie von Hermine Planner (vormals Kohlhauser), in den entscheidenden Jahren der Entstehung der überlieferten Textzeugnisse sowie ohne deren beharrliche Bemühungen nach 1945 in der Durchdringung des "Mantels des Schweigens", der in der Zweiten Republik nach und nach über den antifaschistischen Widerstand und dessen Literatur hierzulande gelegt wurde, gäbe es heute mit Sicherheit nicht diese doch vielfältigen Dokumente, ob auf Papier gedruckt oder in Stein gehauen, in Erinnerung an diesen jungen, aufrechten Menschen und selbstkritischen, humanistischen österreichischen Dichter.

ZU DIESER AUSGABE

Von den überlieferten 80 Kassibern, die von Richard Zach selbst oder nach seiner Anleitung verfaßt wurden, sind vier rein briefliche Mitteilungen, und zwei sind Notate (Register). Auf den übrigen 74 Kassibern befinden sich, von den meist kurzen Notizen abgesehen, im ganzen 174 Gedichte mit 33 Zweitfassungen. Zu diesen 33 Zweitfassungen, die in der Regel "Reinschriften" von zuerst selbst in Steno verfaßten oder dem Zellennachbarn Alois Geschwinder durch die Wand gemorsten Gedichten sowie der Erinnerung dienende Zweitfassungen von früher selbst festgehaltenen Niederschriften darstellen, kommen vier, die sich nicht auf Kassibern befinden.

Jene 35 Gedichte und jene zwei Briefe, die in diese Ausgabe aufgenommen wurden, befinden sich – die Zweitfassungen mit eingerechnet – auf insgesamt 33 Kassibern. Dabei wurde von bereits allzu bekannten Texten, wie etwa von "Was soll ich um mein Leben rechten..." ("Ich bin den andern Weg gegangen"), Abstand genommen und unter den entweder noch nicht publizierten oder noch nicht so bekannten Gedichten ausgewählt.

Jedem Text wurde der Anschaulichkeit halber faksimiliert jener Kassiber zugeordnet, auf dem er sich befindet. Manche Gedichte sind fragmentarisch und auf zwei oder mehrere Kassiber verstreut, was die Schwierigkeit nach sich zieht, wirklich jedem Text die ihm entsprechenden Kassiber gegenüberzustellen. Im gegebenen Fall wurde auf die zugehörigen Kassiber-Faksimiles verwiesen.

Die transkribierten Fassungen wurden auf der Basis der Ergebnisse des bereits erwähnten Forschungsprojekts "Aufarbeitung des Nachlasses Richard Zach (1919-1943)" (1989-1992) ediert. Bei Vorliegen von zwei Fassungen zu einem Text wurde in der Regel die Transkription jener Fassung abgedruckt, die als "Reinschrift" Richard Zachs anzusehen ist; bei den in Steno verfaßten Gedichten sind dies also die in Latein-, Kurrent- oder Druckschrift festgehaltenen zweiten Fassungen (z. B. "Frühlingsgedichte, III. Draußen... ", S. 52 – vgl. Kassiber auf S. 51/53). Bei zwei Texten (vgl. S. 38 f. und 82 f.) schien die Wiedergabe der jeweils ersten Fassung zusammen mit dem entsprechenden Kassiber sinnvoll; zu zwei weiteren Texten (vgl. S. 25 f. und 40 f.) sind zwar "Reinschriften" vorhanden, diese befinden sich jedoch nicht auf Kassibern, sondern in Richard Zachs in Berlin-Moabit mit "Schreiberlaubnis" angelegtem Arbeitsheft (vgl. S. 110 ff.).

Die Anordnung der Texte entspricht zum überwiegenden Teil nicht ihrer Entstehung. Zum einen hat dies damit zu tun, daß eine genaue zeitliche Zuordnung der Kassiber ohnehin schwer durchführbar ist. Zum anderen schien für diese Ausgabe eine Reihung nach inhaltlichen Gesichtspunkten (Trauer, Einsamkeit, Trotz, Hoffnung usw.) der Aufnahme durch die Leserin oder den Leser stärker entgegenzukommen und entspricht auch eher dem Stimmungsgefüge Richard Zachs in der Zelle, das sonst nur durch die Texte des gesamten Korpus vermittelt werden könnte.

INHALT
(Mit Großbuchstaben gesetzte Titel stammen von Richard Zach; bei den übrigen Texten fehlt ein Titel im Original.)

Sonnenfunken ...	10
MEINE LIEBEN! ...	12
Es gibt ein Recht ...	14
Vergiß nicht ...	16
Weich fällt der Schnee ...	18
Die immer erst fragen ...	24
Es ist der eine ...	26
Mein lieber Bruder ... *(Brief)*	28
Und wenn ich aber ...	32
Ich möchte große, klare ...	34
Dennoch will ich ...	36
REBELLENLIED	38
EIN GEDICHT ...	40
Tagtäglich kommt ...	42
MEINE ZELLENGEDICHTE	
I. Im Gitterschatten geträumt ...	44
II. In Einzelzelle verspürt ...	44
III. Auf harter Pritsche geflüstert ...	46
FRÜHLINGSGEDICHTE	
I. Ich lege meine fahle Hand ...	48
II. Ein Strauch ...	50
III. Draußen ...	52
Es ringt und reift ...	54
O du herrliches Leben ...	58
So werde ich also ...	60
VATERLAND	62
AUFRUF	64
Der auserwählte Blutrat tagt ...	66
DEM ZUM TOD VERURTEILTEN GENOSSEN	68
VOR DEM BLUTGERICHT	70
VERRÜCKTES LIED	72

WEIHNACHT IM KERKER	74
EIN NEUES JAHR?	76
Und gehst Du frei ...	82
DIE NOTGEFÄHRTEN	84
NICHT MEHR ... (Für Herma)	86
Ich weiß es ...	88
Meine Lieben! ... *(Brief)*	90
Zählt mich immer ...	100
Nachwort	103
Zeittafel	119
Zum Nachlaß	122
Zu dieser Ausgabe	125

publication PN°1
Bibliothek der Provinz

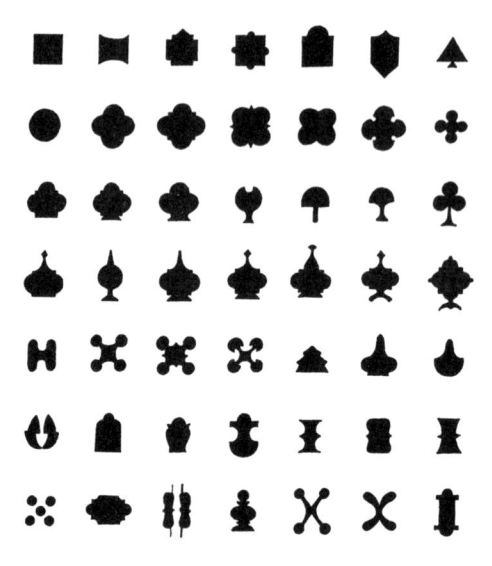

Verlag für Literatur, Kunst und Musikalien